Gröls Verlage

„Bücher sind wie Fallschirme. Sie nützen uns nichts, wenn wir sie nicht öffnen."

Gröls Verlag

Redaktionelle Hinweise und Impressum

Das vorliegende Werk wurde zugunsten der Authentizität sehr zurückhaltend bearbeitet. So wurden etwa ursprüngliche Rechtschreibfehler *nicht* systematisch behoben, denn kleine Unvollkommenheiten machen das Buch – wie im Übrigen den Menschen – erst authentisch. Mitunter wurden jedoch zum Beispiel Absätze behutsam neu getrennt, um den Lesefluss zu erleichtern.

Um die Texte zu rekonstruieren, werden antiquarische Bücher von Lesegeräten gescannt und dann durch eine Software lesbar gemacht. Der so entstandene Text wird von Menschen gegengelesen und korrigiert – hierbei treten auch Fehler auf. Wenn Sie ebenfalls antiquarische Texte einreichen möchten, finden Sie weitere Informationen auf www.groels.de

Viel Freude bei der Lektüre wünscht Ihnen das Team des Gröls-Verlags.

Adressen

Verleger: Sophia Gröls, Im Borngrund 26, 61440 Oberursel

Externer Dienstleister für Distribution & Herstellung: BoD, In de Tarpen 42, 22848 Norderstedt

Unsere „Edition | Werke der Weltliteratur“ hat den Anspruch, eine der größten und vollständigsten Sammlungen klassischer Literatur in deutscher Sprache zu sein. Nach und nach versammeln wir hier nicht nur die „üblichen Verdächtigen“ von Goethe bis Schiller, sondern auch Kleinode der vergangenen Jahrhunderte, die – zu Unrecht – drohen, in Vergessenheit zu geraten. Wir kultivieren und kuratieren damit einen der wertvollsten Bereiche der abendländischen Kultur. Kleine Auswahl:

Francis Bacon • Neues Organon • **Balzac** • Glanz und Elend der Kurtisanen • **Joachim H. Campe** • Robinson der Jüngere • **Dante Alighieri** • Die Göttliche Komödie • **Daniel Defoe** • Robinson Crusoe • **Charles Dickens** • Oliver Twist • **Denis Diderot** • Jacques der Fatalist • **Fjodor Dostojewski** • Schuld und Sühne • **Arthur Conan Doyle** • Der Hund von Baskerville • **Marie von Ebner-Eschenbach** • Das Gemeindekind • **Elisabeth von Österreich** • Das Poetische Tagebuch • **Friedrich Engels** • Die Lage der arbeitenden Klasse • **Ludwig Feuerbach** • Das Wesen des Christentums • **Johann G. Fichte** • Reden an die deutsche Nation • **Fitzgerald** • Zärtlich ist die Nacht • **Flaubert** • Madame Bovary • **Gorch Fock** • Seefahrt ist not! • **Theodor Fontane** • Effi Briest • **Robert Musil** • Über die Dummheit • **Edgar Wallace** • Der Frosch mit der Maske • **Jakob Wassermann** • Der Fall Maurizius • **Oscar Wilde** • Das Bildnis des Dorian Grey • **Émile Zola** • Germinal • **Stefan Zweig** • Schachnovelle • **Hugo von Hofmannsthal** • Der Tor und der Tod • **Anton Tschechow** • Ein Heiratsantrag • **Arthur Schnitzler** • Reigen • **Friedrich Schiller** • Kabale und Liebe • **Nicolo Machiavelli** • Der Fürst • **Gotthold E. Lessing** • Nathan der Weise • **Augustinus** • Die Bekenntnisse des heiligen Augustinus • **Marcus Aurelius** • Selbstbetrachtungen • **Charles Baudelaire** • Die Blumen des Bösen • **Harriett Stowe** • Onkel Toms Hütte • **Walter Benjamin** • Deutsche Menschen • **Hugo Bettauer** • Die Stadt ohne Juden • **Lewis Caroll** • *und viele mehr….*

Gerhart Hauptmann

Die Ratten

Berliner Tragikomödie

Zuerst erschienen:

1911

Inhalt

Dramatis personae

Harro Hassenreuther, ehemaliger Theaterdirektor

Seine Frau

Walburga, seine Tochter

Pastor Spitta

Erich Spitta, Kandidat der Theologie, sein Sohn

Alice Rütterbusch, Schauspielerin

Nathanael Jettel, Hofschauspieler

Käferstein, Schüler Hassenreuters

Dr. Kegel, Schüler Hassenreuters

John, Maurerpolier

Frau John

Bruno Mechele, ihr Bruder

Pauline Piperkarcka, Dienstmädchen

Frau Sidonie Knobbe

Selma, ihre Tochter

Quaquardo, Hausmeister

Frau Kielbacke

Schutzmann Schierke

Zwei Säuglinge

Erster Akt

Im Dachgeschoß einer ehemaligen Kavalleriekaserne zu Berlin. Ein fensterloses Zimmer, das sein Licht von einer brennenden Lampe erhält, die von der Mitte der Decke über einen runden Tisch herunterhängt. In die Hinterwand mündet ein gerader Gang, der den Raum mit der Entreetür verbindet, einer eisenbeschlagenen Tür mit einer primitiven Schelle, die der Eintritt Begehrende von außen durch einen Drahtzug in Bewegung setzt. Eine Tür in der Wand links schließt ein Nebengemach ab. An der Wand rechts führt eine Treppe auf den Dachboden.

Auf diesem Dachboden, sowie in den sichtbaren Räumlichkeiten, hat der Extheaterdirektor Harro Hassenreuter seinen Theaterfundus untergebracht.

Man kann, bei dem ungewissen Licht, im Zweifel sein, ob man sich in der Rüstkammer eines alten Schlosses, in einem Antiquitätenmagazin oder bei einem Maskenverleiher befindet.

Zu beiden Seiten des Ganges sind auf Ständern Helme und Brustharnische Pappenheimscher Kürassiere aufgestellt, ebenso in je einer Reihe an der rechten und linken Wand des vorderen Raums. Die Dachbodentreppe steht zwischen zwei Geharnischten. Die Decke darüber schließt die übliche Bodenklappe ab.

Ein Stehpult ist vorn links an die Wand gerückt. Tinte, Federn, alte Geschäftsbücher und ein Kontorbock sowie einige Stühle mit hohen Lehnen um den runden Mitteltisch lassen erkennen, daß der Raum zu Bürozwecken dienen muß. Wasserflasche mit Gläsern auf dem Tisch und einige Photographien über dem Stehpult. Die Photographien zeigen

Direktor Hassenreuter als Karl Moor sowie in verschiedenen anderen Rollen.

Einer der Pappenheimschen Kürassiere trägt einen ungeheuren Lorbeerkranz um den Nacken gehängt, mit einer Schleife, deren Enden in goldenen Lettern die Worte tragen: »Unserem genialen Direktor Hassenreuter! Die dankbaren Mitglieder.« Eine Serie mächtiger roter Schleifen trägt nur die Aufschriften: »Dem genialen Karl Moor« ... »Dem unvergleichlichen, unvergeßlichen Karl Moor« ... usw. usw.

Der Raum ist nach Möglichkeit zu Magazinzwecken ausgenutzt. Wo irgend angängig, hängen an Kleiderhaken deutsche, spanische und englische Kostümstücke aus verschiedenen Jahrhunderten. Man sieht schwedische Reiterstiefel, spanische Degen und deutsche Flamberge.

Die Tür links hat die Aufschrift: Bibliothek.

Das ganze Gemach zeigt eine malerische Unordnung. Alte Scharteken und Waffen, Pokale, Becher usw. liegen umher.

Es ist eines Sonntags, Ende Mai.

Frau John, über Mitte der Dreißig hinaus, und das blutjunge Dienstmädchen Piperkarcka sitzen am Mitteltisch. Die John, den Oberkörper weit über den Tisch gelehnt, redet lebhaft auf das Dienstmädchen ein. Die Piperkarcka, dienstmädchenhaft aufgedonnert, mit Jackett, Hut und Schirm, sitzt aufrecht. Ihr hübsches rundes Lärvchen ist verweint. Ihre Gestalt zeigt Spuren noch nicht vollendeter Mutterschaft. Sie malt mit der Schirmspitze auf der Diele.

Frau John. Na ja doch! Freilich! Ick sag't ja, Pauline.

Die Piperkarcka. Nu ja. Ick will nu also Schlachtensee oder Halensee. Muß jehn un muß nachsehn, ob ick ihm treffe! *Sie trocknet ihre Tränen und will sich erheben.*

Frau John *verhindert die Piperkarcka am Aufstehen.* Pauline! Um Jottes willen, bloß det nich! Det nich, um keenen Preis von de Welt. Det macht Skandal, kost Jeld und bringt nischt. Wat wolln Se woll, und wo Se noch in den Zustande sind, dem schlechten Halunken noch weiter nachloofen!?

Die Piperkarcka. Denn soll meine Wirtin heute soll warten umsonst verjeblich auf mir. Ick spring' im Landwehrkanal und versaufe.

Frau John. Pauline! Warum denn? warum denn, Pauline? Jeben Se Obacht, heeren Se jetzt bloß um Jottes willen 'n janz 'n eenziges ... bloß ma'n janzen kleenen Oochenblick uff mir, und passen Se dadruff uff, wat ick Ihn vorstelle! Det wissen Se doch, ick hab' et Ihn doch bei de Normaluhr, wo ick an Alexanderplatz aus de Marchthalle bin jekomm, jleich anjesehn und hab' et Ihn uff'n Kopp druff jesacht. Wat hab' ick jesacht? Jelt, hab' ick Ihn uff'n Kopp druff jefragt, jelt, kleenet Aas, er will nischt von wissen! – Det jeht hier vielen, det jeht hier allen, det jeht hier vielen Millionen Mächens so! Und denn hab' ick jesacht ... wat hab' ick jesacht? komm, hab' ick jesacht, ick will dir helfen.

Die Piperkarcka. Zu Hause darf ick mir nu janz natürlich nich blicken lassen, wie ick verändert bin. Mutter schreit doch auf'n ersten Blick! Vater haut mir Kopf an die Wand und schmeißt mir Straße. Jeld hab' ick nu ebenfalls ooch weiter nu weiter keens nich! als wie Stücker zwei Joldstücke, was ick mich Jackettfutter einjenäht. Hätte mich schlechter Mensch nich Mark nich Pfennig übriggelassen.

Frau John. Freilein, mein Mann ist Mauerpolier. Freilein: wenn Se bloß wollten Obacht jeb'n ... jeb'n Se doch um Jottes willen Obacht, wat ick Ihn for Vorschläge unterbreiten tu'. Freilein, denn is doch uns beede jeholfen. Ihn is jeholfen und so desselbijenjleichen ooch mir. Außerden is Pauln, wat mein Mann is, jeholfen, wo sterbensjerne een Kindeken will, weil det uns doch unser eenziget, unser Adelbertchen, an de Bräune jestorben is. Ihr Kind hat et jut wie'n eejnet Kind. Denn kenn Se jehn Ihrem Schatz wieder uffsuchen, kenn wieder in'n Dienst, kenn wieder bei Ihre Eltern jehn, det Kind hat et jut, und keen Mensch uff die janze Welt nich braucht wat von wissen.

Die Piperkarcka. I jrade! Ick stürze mir Landwehrkanal! *Sie steht auf.* Ick schreibe Zettel, ick lasse Zettel in mein Jackett zurück: du hast mit deine verfluchte Schlechtigkeit deine Pauline im Wasser jetrieben! dann setze vollen Namen Alois Theophil Brunner, Instrumentenmacher, zu. Denn soll er sehn, wie er mit sein Mord auf Jewissen man meinswegen fertig wird.

Frau John. Warten Se, Freilein, ick muß erst uffschließen. *Frau John stellt sich, als wolle sie die Piperkarcka hinausbegleiten. Noch bevor beide Frauen den Gang erreichen, tritt Bruno Mechelke langsam forschend aus der Tür links und bleibt stehen. Bruno Mechelke ist eher klein als groß, hat einen kurzen Stiernacken und athletische Schultern. Niedrige, weichende Stirn, bürstenförmiges Haar, kleiner runder Schädel, brutales Gesicht mit eingerissenem und vernarbtem linkem Nasenflügel. Die Haltung des etwa neunzehnjährigen Menschen ist vornübergebeugt. Große, plumpe Hände hängen an langen, muskulösen Armen. Die Pupillen seiner Augen sind schwarz, klein und stechend. Er bastelt an einer Mausefalle herum.*

Bruno *pfeift seiner Schwester wie einem Hunde.*

Frau John. Ick komme jleich, Bruno. Wat wiste denn?

Bruno, *scheinbar in die Falle vertieft*. Ick denke, ick soll hier Fallen uffstellen.

Frau John. Haste dem Speck denn rinjemacht? *Zur Piperkarcka.* 't is bloß mein Bruder. Erschrecken sich nicht, Freilein.

Bruno, *wie vorher.* Ick ha heute dem Kaisa Willem jesehn, Jette. Ick war mit de Wachparade jejang.

Frau John, *zur Piperkarcka, die durch Brunos Erscheinung angstvoll gebannt ist.* Et is bloß mein Bruder, bleiben Se man. *Zu Bruno.* Junge, wie siehst du bloß wieder aus? Det Freilein muß sich ja von dich Angst kriejen.

Bruno, *wie vorher. Ohne aufzublicken.* Schuberle buberle, ick bin 'n Jespenst.

Frau John. Mach uff'n Boden und stell deine Mausefallen!

Bruno, *wie vorher. Tritt langsam an den Tisch.* Jawoll, det is ooch man wieder so'n Jeschäft zum Vahungern. Wenn ick mit Streichhölzer handeln du', denn ha ick wahrhaftig mehr Pinke von.

Die Piperkarcka. Atje, Frau John.

Frau John, *wütend auf den Bruder los.* Wiste woll jehn und wist mir in Frieden lassen!

Bruno, *geduckt.* Hab dir man nich. Ick jeh' ja schonn. *Er zieht sich folgsam wieder in das anstoßende Zimmer zurück, dessen Tür Frau John resolut hinter ihm schließt.*

Die Piperkarcka. Den mecht' ick Tierjarten, Jrunewald nicht bejejnen. Bei Nacht nich und nich ma bei Dage nich.

Frau John. Jnade Jott, wo ick Brunon hetze und der ma hinter een hinter is!

Die Piperkarcka. Atje. Hier jefällt mir nich. Wenn mich wieder sprechen wollen, lieber Bank bei Wasserkunst Kreuzberg, Frau John.

Frau John. Pauline, ick ha Brunon mit Sorje un Kummer Tag un Nacht jroßjebracht. Ihr Kindeken hat et noch zwanzigmal besser. Also, Pauline, wenn et jeboren is, nehm' ick det Kind, un bei meine in Jott vastorbene Eltern, wo ick an Totensonntag immer noch und keen Mensch mich zurückhält nach Rüdersdorf jeh' und Lichter uff beede Jräber ansteche: det kleene Wurm soll et madich jut hab'n, wie et besser keen jeborener Prinz und keene jeborene Prinzessin haben tut.

Die Piperkarcka. Ick jeh', mit meine letzten Pfennig kaufen mir Vitriol – trefft, wen trefft! – un jießen dem Weibsbild, wo mit ihm jeht – trefft, wen trefft! –, mitten in Jesicht! Trefft, wen trefft! Brennt ihm janze verfluchte hübsche Visage kaputt! Mir jleich! Brennt ihm Bart kaputt! Brennt ihm Augen kaputt! wenn er mit andres Frauenzimmer jeht.

Trefft, wen trefft! Hat mir betrogen! zujrunde jerichtet! hat mir Jeld jeraubt! hat mich Ehre jeraubt! hat mich verfluchtiger Hund verführt, verlassen, belogen, betrogen, in Elend jestoßen! Trefft, wen trefft! Soll blind sein! Nase soll wegjefressen sein! Soll jar nich mehr überhaupt auf Erde sein!

Frau John. Freilein Pauline, bei meine ewige Seligkeit, von Stund an, wo det kleene Wurm erst ma uff de Welt is ... von den Augenblick an! ... det soll et haben, als wenn et, ick weeß nich wo! in Samt und Seide jeboren wär'. Bloß jutes Zutrauen! und, det Se ja sachen! – Ick habe mir allens ausjedacht. Et jeht zu machen, Pauline, et jeht, et jeht, sach' ick Ihn! Und weder'n Dokter noch Polizei noch Ihre Wirtin merkt wat von. – Und denn kriejen Se erst ma hundertunddreiundzwanzig Mark, wat ick mir von det Reinmachen hier beim Direkter Hassenreuter abjespart habe, ausjezahlt.

Die Piperkarcka. Denn lieber bei die Jeburt erwürgen! verkaufen nich!

Frau John. Wer redet denn von verkoofen, Pauline?

Die Piperkarcka. Wat hab' ick Oktober vorijen Jahr bis heutijen Tag for Himmelsangst ausjestanden. Bräutijam steeßt mir fort! Mietsfrau steeßt mir fort. Schlafbodenstelle is mir jekindigt. Wat du' ick denn, daß man mir so verachtet und von die Leute verflucht un ausstoßen muß?

Frau John. Det sach' ick ja, det kommt, weil der Deibel unsern Herrn Christus Heiland noch immer ieber is.

Ohne bemerkt zu werden, ist Bruno, bastelnd wie vorher, geräuschlos wiederum in die Tür getreten.

Bruno *sagt in eigentümlicher Weise, scharf, aber wie nebenbei.* Lampen!

Die Piperkarcka. Der Mensch erschrickt mir. Lassen mir fort!

Frau John *geht heftig auf Bruno los.* Willst du woll jehn, wo de hinjeheerst! Ick ha dir jesacht, ick wer dir rufen.

Bruno, *wie vorher.* Na Jette, ick ha doch bloß »Lampen« jesacht.

Frau John. Biste verrickt? Wat heeßt denn det: Lampen? –

Bruno. Na, klinkt et denn nich an de Einjangstier?

Frau John *erschrickt, horcht, hält die Piperkarcka zurück, die im Begriff ist davonzugehen.* Pst, Freilein! Halt! Warten Se man noch'n Oochenblick.

Bruno schnitzelt weiter. Die beiden Frauen horchen.

Frau John, *leise, angstvoll, zu Bruno.* Ick heer' nischt.

Bruno. Du ollet vatrockentes Kichenspinde, denn schaff da man bessare Lauscha an.

Frau John. Det wär' in det janze Vierteljahr det erste Ma, det der Direkter kommt, wenn Sonntag is.

Bruno. Wenn der Theatafritze kommt, kann a mir meinswejen jleich angaschieren.

Frau John, *heftig.* Quatsch nich!

Bruno, *grinsend zur Piperkarcka.* Jlooben S'et, Freilein, ick ha bei Zirkus Schumann 'n dummen Aujust sein Esel dreimal rum die Manesche jebracht. Det mach' ick allens! Ick wer mir woll furchten.

Die Piperkarcka *scheint die phantastische Sonderbarkeit der Umgebung erst jetzt zu bemerken, erschrocken, stark beunruhigt.* Josef Maria, wo bin ick denn?

Frau John. Wer kann denn det sind?

Bruno. Da Direkta nich, Jette. Det is eha 'ne Tülle, wo elejante Trittlinge hat.

Frau John. Freilein, jehn Se man zwee Minuten, sein so jut, hier uff'n Oberboden, 's kommt eener, kann sind, der bloß wat wissen will.

In ihrer zunehmenden Angst tut die Piperkarcka das Verlangte. Sie klettert über die Treppe auf den Oberboden, dessen Klappe geöffnet ist. Frau John hat sich so gestellt, daß im Notfalle die Piperkarcka gegen die Entreetür gedeckt ist. Die Piperkarcka verschwindet. Frau John und Bruno bleiben allein.

Bruno. Wat wiste denn mit die barmherzige Schwester?

Frau John. Det jeht dir nischt an, verstehste mich.

Bruno. Ick frage ja man, weil det de vor det Mächen so ängstlich 'ne Wand machen dust. Sonst is et mich doch wahaftig Pomade.

Frau John. Det soll dir ooch immer Pomade sind.

Bruno. Danke Komma, denn kann ick woll abtippeln.

Frau John. Lump, weeßt du woll, wat du mir schuldig bist?

Bruno, *pomadig.* Wat regste dir denn uff? Wo stoß' ick dir denn? Wat wiste? Ick muß jetzt zu meine Braut. Mir schläfert. Vorichte Nacht hab' ick unter Sträucher in Tierjarten plattjemacht. Und juterletzt is Kohlmarcht bei mich. *Er kehrt seine Hosentaschen um.* Folgedessen muß ick jehn 'n Stück Brot verdienen.

Frau John. Hierjeblieben! – und nich von de Stelle! – oder du krist, und wenn det de jaulst wie'n kleener Hund, kriste nimmermehr, wenn't bloß'n Pfennich is, krist de von mich! Bruno, du jehst uff schlechte Weje.

Bruno. Ick wer woll immer jejen de janze Welt ... noch wat! ... wer ick der Potsdamer sind. Soll ick etwa nich jehn, wo ick scheen bei Huldan zu leben krieje? *Er zieht eine schmutzige Brieftasche.* Nich ma'n dreckigen Pfandschein ha ick mehr in de Plattmullje drin. Wat wiste von mich, un denn laß mir abschrenken.

Frau John. Von dir? Wat ick will? For wat wärst du woll nitze? Du bist zu nischt weiter nitze, als det eene Schwester, wo nich richtig in Koppe is, mit so'n Lump un Tagedieb Mitleid hat.

Bruno. Kann sind, det de in Koppe manchmal nich richtig bist.

Frau John. Unser Vater hat oft zu mich jesacht, wo du schonn mit fünf, sechs Jahre alt schlechte Dinge jetrieben hast, det mit dir in Leben keen Staat weiter nich zu machen is un det ick dir sollte loofen lassen. Un mein Mann, wo richtig un orntlich is ... vor so'n juten Mann: du darfst dir nich blicken lassen.

Bruno. Jewiß doch, det weeß ick ja allens, Jette! Aber so eenfach schiebt sich det nu eemal nu eben nich. Wat wiste? Ick weeß, ick bin mit'n Ast uff'n Puckel, wenn det'n ooch det'n keener sieht, un nich in Zangzuzih uff de Welt jekomm. Ick muß sehn un mir mit mein Ast mangmang helfen. Na jut so! wat wiste? von wejen de Ratten brauchst du mir nich. Du wist bloß wat mit die Dohle vertussen.

Frau John, *die Faust drohend unter Brunos Nase.* Verrat du een eenziget kleenet Sterbenswort: denn mach' ick dir kalt. Denn bist du 'ne Leiche!

Bruno. Na weeßte, vastehste, ick mache mir dinne. *Er steigt die Treppe hinauf.* Womeeglich komm' ick, mir nischt dir nischt, noch ma in Schokoladenkasten rin. *Er verschwindet durch die Bodenklappe. Frau John löscht eilig die Lampe und tappt sich zur Bibliothekstür. Sie geht in die Bibliothek, schließt aber die Tür hinter sich nicht ganz.*

Die Geräusche eines verrosteten Schlosses und Schlüssels, der darin umgedreht wurde, sind vernehmlich gewesen. Ein leichter Schritt kommt nun den Gang herauf. Vorübergehend war der Berliner Straßenlärm, auch Kindergeschrei aus den Hausfluren vernehmlich geworden. Leierkastenmusik vom Hof herauf.

Mit scheuen Bewegungen erscheint Walburga Hassenreuter. Das Mädchen ist noch nicht sechzehn Jahre alt und sieht hübsch und unschuldig aus. Sonnenschirm, fußfreies helles Sommerkleidchen.

Walburga *stutzt, horcht, sagt dann ängstlich*. Papa! – Ist schon jemand hier oben? – Papa! Papa! *Sie horcht lange gespannt und sagt dann.* Es riecht ja hier so nach Petroleum! *Sie findet Streichhölzer, entzündet eines davon, will die Lampe anstecken und verbrennt sich an dem noch heißen Zylinder.* Au! – Donnerwetter, wer ist denn hier? *Sie hat aufgeschrien und will fortlaufen. Frau John erscheint wieder.*

Frau John. I, Freilein Walburga, wer wird denn jleich Lärm machen! Sein Se man friedlich! Det bin ja bloß ick.

Walburga. Gott, hab' ich aber einen ganz entsetzlichen Schreck bekommen, Frau John.

Frau John. Weshalb denn, Freilein? Wat suchen Se denn heit an Sonntag hier?

Walburga, *Hand auf dem Herzen*. Mir steht noch immer das Herz ganz still, Frau John.

Frau John. Wat hat's denn, Freilein Walburga? Wer ängstigt Se denn? Sie missen det doch von Ihren Herrn Vater wissen, det ick Sonntag und Wochentag hier oben mang die Kisten und Kasten zu tun habe, mit Staub-Abbürsten und Motten-Auskloppen. In drei, vier Wochen, wenn ick jlicklich mit die zwölf- oder achtzehnhundert Theaterlumpen eemal rum bin und fertig bin, fängt et doch immer wieder von frischen an.

Walburga. Ich hab' mich erschrocken, weil sich der Lampenzylinder noch ganz heiß anfaßte, Frau John.

Frau John. Nu ja, de Lampe hat ebent jebrannt, un ick hab' se vor eene halbe Minute ausjepustet. *Sie hebt den Zylinder ab.* Mir brennt et nich! Ick hab' harte Hände! *Sie zündet das Docht auf.* Na, nu wird Licht! Nu hab' ick se wieder anjestochen. Wat is nu Jefährliches los? Ick sehe nischt.

Walburga. Hu, Sie sehen ja aus wie ein Geist, Frau John.

Frau John. Wie soll ick aussehn?

Walburga. Das ist, wenn man so aus der prallen Sonne ins Finstere kommt ... in diese muffigen Kammern hinein, da ist man wie von Gespenstern umgeben.

Frau John. Na, kleenet Jespenst, weshalb kommen Se denn? – Sind Se alleene, oder is noch jemand? – Kommt am Ende Papa noch nach?

Walburga. Nein! Papa ist heute zu einer wichtigen Audienz nach Potsdam hinaus.

Frau John. Und wat suchen denn also Sie nu woll hier?

Walburga. Ich? Ich bin einfach spazieren gewesen.

Frau John. Na, denn sehn Se man wieder, det Se fortkomm. In Papan seine Rumpelkammer scheint keene Pfingstsonne nich.

Walburga. Sie sollten auch, so grau wie Sie aussehen, mal lieber raus an die Sonne gehn.

Frau John. I, Sonne is bloß for feine Leite! Wenn ick man alle Dache meine paar Pfund Staub und Dreck uff de Lunge krieje – jeh man, Kindken, ick muß an de Arbeet! –, mehr brauch' ick nich: ick lebe von Müllstoob und Mottenpulver. *Sie hustet.*

Walburga, *ängstlich.* Sie brauchen Papa nicht sagen, daß ich hier oben gewesen bin.

Frau John. Ick? Ick habe woll sonst nischt besseret zu tun.

Walburga, *scheinbar leichthin.* Und sollte Herr Spitta nach mir fragen ...

Frau John. Wer?

Walburga. Der junge Herr, der bei uns im Hause Privatstunde gibt ...

Frau John. Na, und?

Walburga. Sind Sie so freundlich und sagen Sie ihm, daß ich hier gewesen, aber gleich wieder gegangen bin.

Frau John. Also Herrn Spitta soll ick et sagen, Papan nich?

Walburga, *unwillkürlich.* Um Gottes willen nicht, liebste Frau John.

Frau John. Na wacht du, wacht! Jib du bloß man Obacht. Manch eene hat ausjesehn wie du und is aus die Jejend jekomm wie du, wo nachher in de Drajonerstraße in Rinnsteen oder jar in de Barnimstraße hinter schwed'sche Jardinen zujrunde jejangen is.

Walburga. Sie werden doch damit nicht sagen wollen, Frau John, oder glauben wollen, daß in meiner Beziehung zu Herrn Spitta etwas Unerlaubtes oder Ungehöriges ist?

Frau John, *in höchstem Schreck.* Mund zu! – Et hat jemand dem Schlüssel im Schloß jestochen.

Walburga. Auslöschen! *Frau John bläst schnell die Lampe aus.* Papa!

Frau John. – Freilein, ruff uff'n Oberboden! *Sie und Walburga verschwinden über die Treppe durch den Bodenverschlag, der verschlossen wird.*

Zwei Herren, der Direktor Harro Hassenreuter und der Hofschauspieler Nathanael Jettel, erscheinen durch die Flurtür im Gange. Der Direktor ist mittelgroß, glattrasiert, fünfzig Jahre alt. Er pflegt große Schritte zu nehmen und bekundet ein lebhaftes Temperament. Sein Gesichtsschnitt ist edel, das Auge von kühnem Ausdruck. Sein Betragen ist laut. Sein Wesen überhaupt durchaus feurig. Er trägt einen hellen Sommerüberzieher, den Zylinder nach hinten gerückt und übrigens Frackanzug und Lackschuhe. Der leger geöffnete Paletot, enthüllt eine mit Ordensternen überdeckte Brust. – Hofschauspieler Jettel trägt unter dem leichtesten Sommerüberzieher einen weißen Flanellanzug. Er hat einen Strohhut nebst elegantem Stock in der linken Hand, gelbe Schuhe an den Füßen. Er ist ebenfalls glattrasiert und über die Fünfzig alt.

Direktor Hassenreuter *ruft.* John! – Frau John! – Ja, das sind nun hier meine Katakomben, lieber Jettel! Sic transit gloria mundi! Hier hab' ich nun alles, mutatis mutandis, untergebracht, was von meiner ganzen Theaterherrlichkeit übriggeblieben ist: alte Scharteken! alte Lappen und Lumpen! – John! John! Sie ist hier gewesen, denn der Lampenzylinder ist heiß! *Er zündet mit einem Streichholz die Lampe an.* Fiat lux, pereat mundus! So! Jetzt können Sie mein Motten-, Ratten- und Flohparadies bei Lichte besehen.

Nathanael Jettel. Haben Sie also meine Karte bekommen, bester Direktor?

Direktor Hassenreuter. Frau John! – Ich werde mal sehn, ob sie auf dem Boden ist. *Er steigt sehr gewandt die Treppe hinauf und rüttelt an der Bodenklappe.* Verschlossen! Den Schlüssel hat die Kanaille natürlich am

Schürzenband. *Er pocht wütend mit der Faust gegen die Klappe.* John! John!

Nathanael Jettel, *etwas ungeduldig.* Direktor, geht es nicht ohne die John?

Direktor Hassenreuter. Was? Glauben Sie, daß ich Ihnen den miserablen Lappen, den Sie gerade da für Ihr Gastspiel brauchen, aus meinen dreihundert Kisten und Kasten ohne die John, im Frack und mit sämtlichen Orden, so, wie ich vom Prinzen komme, selber heraussuchen kann?

Nathanael Jettel. Erlauben Sie mal! In Lappen absolviere ich meine Gastreisen nicht.

Direktor Hassenreuter. Mensch, spielen Sie doch in Unterhosen! Meinethalben! Mich stört das nicht! Nur vergessen Sie nicht, wer vor Ihnen steht! Deshalb, wenn der Hofschauspieler Jettel – na wenn schon! – gnädigst zu pfeifen geruhen, springt der Direktor Harro Hassenreuter noch lange nicht. Sapristi! Wenn irgendein Komödiant einen schäbigen Turban oder zwei alte Transtiefel braucht, muß sich ein pater familias, ein Familienvater, den einzigen Sonntagnachmittag unter den Seinen abknapsen? Soll womöglich wie'n Tackel auf allen vieren in alle Bodenwinkel hinein? Nein, Freundchen, da müßt ihr euch andere aussuchen.

Nathanael Jettel, *sehr ruhig.* Könnten Sie mir nicht sagen, Direktor, wer Ihnen in Gottes Namen auf die Krawatte getreten hat?

Direktor Hassenreuter. Mein Junge, ich habe noch vor kaum einer Stunde die Beine unterm Tisch eines Prinzen gehabt: post hoc, ergo propter hoc! – Ich setze mich Ihretwegen in einen verfluchten Omnibus und kutsche in diese verfluchte Gegend ... wenn Sie meine Gefälligkeit nicht zu würdigen wissen: scheren Sie sich!

Nathanael Jettel. Sie haben mich auf vier Uhr hierherbestellt. Sie haben mich eine volle geschlagene Stunde in dieser entsetzlichen Mietskaserne, auf diesem lieblichen Korridore unter dem Kinderpöbel warten lassen ... Ich habe gewartet, Ihnen nicht den geringsten Vorwurf gemacht! und jetzt sind Sie geschmackvoll genug, mich als eine Art Spucknapf zu betrachten.

Direktor Hassenreuter. Mein Junge ...

Nathanael Jettel. In's Teufels Namen, der bin ich nicht! Eher mache ich Sie zu meinem Hanswurst und lasse Sie für sechs Groschen Purzelbaum schießen! *Er nimmt entrüstet Hut und Stock und geht.*

Direktor Hassenreuter *stutzt, bricht dann in ein tolles Gelächter aus und schreit hinter Jettel her.* Machen Sie sich nicht lächerlich! – Und übrigens bin ich kein Maskenverleiher. *Man hört die Flurtür ins Schloß knallen. Direktor Hassenreuter zieht die Uhr.* – Rindvieh verdammtes! – Schafskopf verfluchter! – Ein Segen, daß das Rindvieh, verdammte, gegangen ist! *Er steckt die Uhr ein, zieht sie gleich darauf wiederum und lauscht. Hierauf geht er unruhig hin und her, bleibt stehen, blickt in den Zylinderhut, dessen Inneres einen Spiegel enthält, und kämmt sich sorgfältig. Er tritt an den Mitteltisch und öffnet einige von den Briefschaften, die dort gehäuft liegen. Dazu singt er trällernd.*

O Straßburg, o Straßburg,
du wunderschöne Stadt.

Abermals sieht er nach der Uhr. Plötzlich geht die Türschelle über seinem Kopf. Auf die Minute! Was doch die Dinger, wenn es drauf ankommt, pünktlich sind! *Er eilt und öffnet die Flurtür, jemand laut und fröhlich begrüßend. Die Trompetentöne seiner Stimme werden bald von glöckchenartigem Lachen einer weiblichen akkompagniert. Sehr bald erscheint der Direktor wieder, von einer eleganten jungen Dame begleitet, Alice Rütterbusch.* Alice! Kleine Alice! Komm erst mal näher, kleine Alice! Komm mal ans Licht! Ich muß doch sehen, ob du noch dieselbe kleine, schockscharmante, tolle Alice aus den besten Tagen meiner reichsländischen Direktionsperiode bist!? Mädel, ich hab' dich ja gehen gelehrt! ich hab' deine ersten Schritte gegängelt ... das Sprechen! Du sagtest ja immer Cheef statt Chef! Ha ha ha! Hoffentlich hast du das nicht vergessen.

Alice Rütterbusch. Schaun S', Direktor, Sie glauben doch net, daß i undankbar bin?

Direktor Hassenreuter *nimmt ihr den Schleier ab.* Mädel, du bist ja noch jünger geworden!

Alice Rütterbusch, *hochrot, beglückt.* Da müßt' einer auch gehörig daherlügen, wenn einer behaupten wollt', daß du dich zum Nachteil verändert hast. Aber weißt, arg finster hast's bei dir oben und a bissel – Harro, wenn's d' mechst a Fenster aufmachen! – so a bissel a schwere Luft.

Direktor Hassenreuter.

> Pillicock saß auf Pillicocks Berg!
> – – – – – – – – – – – – – – –
> Doch Mäus' und Ratten und solch Getier
> aß Thoms sieben Jahr lang für und für.

Im Ernst, ich hab' finstere und schwere Zeiten durchgemacht! Du wirst ja schließlich, trotzdem ich dir lieber nichts geschrieben habe, liebe Alice, davon unterrichtet sein.

Alice Rütterbusch. Das war aber net grad, weißt, sehr freindschaftlich, daß d' mir auf alle die sauberen und langen Brief kein Wörtel geantwort hast.

Direktor Hassenreuter. Wozu, ha ha ha, einem kleinen Mädchen antworten, wenn man genug mit sich selber zu tun hat und in keiner Beziehung was nützen kann? Sessa! E nihilo nihil fit! Das heißt auf deutsch: aus nichts kann nichts werden! Motten und Staub! Staub und Motten! ha ha ha! Das ist alles, was ich von meiner deutschen Kulturarbeit an der westlichen Grenze geerntet habe.

Alice Rütterbusch. Du hast also den Fundus net an den Direktor Kurz abgetreten?

Direktor Hassenreuter. »O Straßburg, o Straßburg, du wunderschöne Stadt.« Nein, meine Kleine, ich habe den Fundus nicht in Straßburg gelassen! Dieser ehemalige Kellner, Kneipwirt und Pächter von anrüchigen Tanzlokalen, der mein Nachfolger wurde – dieser Kretin, diese bête imbécile –, wollte den Fundus nicht! – Sessa, den Fundus hab' ich nicht dort gelassen: dafür aber vierzigtausend Mark sauerverdientes Geld, von Gastspielreisen aus meiner Mimenzeit! außerdem fünfzigtausend Mark zugebrachtes Vermögen meiner braven Frau. Sessa! – Übrigens, daß ich den Fundus behielt, war ein Glück für mich. – Da! – Ha ha ha! Diese Kerle hier, – *er berührt einige der Geharnischten* – du kennst sie doch?

Alice Rütterbusch. I kenn' doch meine Pappenheimer.

Direktor Hassenreuter. Nun also: diese Pappenheimschen Kerle hier, und was drum und dran baumelt, haben den alten Lumpensammler und Maskenverleiher Harro Eberhard Hassenreuter nach seiner Hedschra tatsächlich über Wasser gehalten! – Aber reden wir lieber von heiteren Dingen: ich habe mit Vergnügen aus der Zeitung ersehen, daß du von Exzellenz für Berlin engagiert werden wirst.

Alice Rütterbusch. I mach' mir nix draus! I möcht' lieber bei dir spielen, und das mußt mir versprechen, wann's du wieder eine Direktion übernehmen tust ... das versprichst mir, daß i augenblickli kontraktbrüchig werden kann! *Der Direktor bricht in Lachen aus.* I hab' mi drei Jahre lang gnua auf die Provinzschmieren rumgeärgert. Berlin mag i net! und a Hoftheater schon lang net. Jessas die Leit! das Komödiespielen! – Weißt, i g'hör' zum Fundus, i hab' immer bloß daher g'hört! *Sie nimmt unter den Pappenheimern Aufstellung.*

Direktor Hassenreuter. Ha ha ha ha! Also komm, du getreuer Pappenheimer. *Er öffnet die Arme weit, sie fliegt hinein, und beide begrüßen einander mit einigen lange anhaltenden Küssen.*

Alice Rütterbusch. Geh, Harro, jetzt sagst mir: was macht deine Frau?

Direktor Hassenreuter. Therese geht's gut, außer daß sie trotz Kummer und Sorgen von Tag zu Tag dicker wird. – Mädel, Mädel, wie du duftest! *Er drückt sie an sich.* Weißt du auch, daß du teufelsmäßig gefährlich bist?

Alice Rütterbusch. Meinst, daß i blöd bin? Freili bin i gefährlich.

Direktor Hassenreuter. Sakra!

Alice Rütterbusch. Meinst, i sollt' mir in der schönen Gegend, drei Stiegen hoch, unter an muffigen Dach, mit dir a Rendezvous geben, wann ich net wißt', daß das für uns zwei, ans wie's andere, gefährlich is? Übrigens hab' i ja, Gott sei Dank, weil i halt immer a Glück haben muß, wann i schon amal auf Schleichwegen geh', auf der Treppen den Nathanael Jettel troffen, bin dem Herrn Hofschauspieler bei eim Haar direkt in die Arme g'rannt. Wird schon sorgen, daß das nicht unter uns bleibt, daß i di b'sucht hab'.

Direktor Hassenreuter. Ich muß das Datum verschrieben haben: der Mensch behauptet, ha ha ha, ich hätte ihn ganz ausdrücklich für heut nachmittag herbestellt.

Alice Rütterbusch. Das war aber net etwa die einzige Bassermannsche Gestalt, der i auf die sechs Treppenabsätz' begegnet bin, und was mir die lieben kleinen Kinderln, die auf die Stufen rumkugeln, nachgeschrien haben, das is dermaßen unparlamentarisch, das is von solche Kröten, noch net drei Käs' hoch sind s', schon die allergrößte Gemeinheit, die mir noch vorkommen is.

Direktor Hassenreuter *lacht, wird dann ernst.* Ja, siehst du: daran gewöhnt man sich; was so hier in diesem alten Kasten mit schmutzigen Unterröcken die Treppe fegt und überhaupt schleicht, kriecht, ächzt, seufzt, schwitzt, schreit, flucht, lallt, hämmert, hobelt, stichelt, stiehlt, treppauf treppab allerhand dunkle Gewerbe treibt, was hier an lichtscheuem Volke nistet, Zither klimpert, Harmonika spielt – was hier an Not, Hunger, Elend existiert und an lasterhaftem Lebenswandel geleistet wird, das ist auf keine Kuhhaut zu schreiben. Und dein alter Direktor, last not least, rennt, ächzt, seufzt, schwitzt, schreit und flucht, ha ha ha, wie der Berliner sagt, immer mittenmang mit. Ha ha ha, Mädel, mir ist es recht dreckig gegangen.

Alice Rütterbusch. Weißt übrigens, wen i, wie i grad auf den Bahnhof Zoologischer Garten zusteuer', troffen hab'? Den alten guten Fürst Statthalter hab' i troffen. Und sixt, unverfroren wie i amal bin, bin i zwanzig Minuten lang neben ihm herg'schwenkt und hab' ihn in an langen Diskurs verwickelt, und auf Ehre, Harro, wie ich dir sag', so is es buchstäblich tatsächlich g'schegn. Auf'n Reitweg is plötzlich Majestät mit großer Suite vorüberg'ritten. I denk', i versink'! Und hat übers ganze Gesicht gelacht und Durchlaucht so mit dem Finger gedroht. Aber g'freit hab' i mi, das kannst mir glauben. Aber jetzt kommt d' Hauptsach'. Jetzt paß auf. – Ob i mi freun tät', hat mi Durchlaucht plötzli g'fragt, und ob i wieder nach Straßburg mecht', wann der Direktor Hassenreuter das Theater tät' wieder übernehmen. Na weißt: beinah hab' i an Sprung getan!

Direktor Hassenreuter *wirft seinen Überzieher ab und steht in seinen Orden da.* Du hast wahrscheinlich bemerken müssen, daß die kleine Durchlaucht vorzüglich gefrühstückt hat. Sessa! Wir haben zusammen gefrühstückt. Wir haben ein exquisites kleines Herrenfrühstück beim Prinzen Ruprecht draußen in Potsdam gehabt. Ich leugne nicht, daß sich vielleicht eine Wendung zum Guten im miserablen Geschicke deines Freundes vorbereitet.

Alice Rütterbusch. Liebster, wie a Staatsmann, wie a Gesandter siehst du ja aus.

Direktor Hassenreuter. Ah, du kennst diese Brust voll hoher und höchster Orden noch nicht!? Klärchen und Egmont! Hier magst du dich satt trinken! *Neue Umarmung.* Carpe diem! genieße den Tag! Sekt, kleine Naive, steht allerdings auf dem jetzigen Repertoire deines alten Direktors, Erweckers und Freundes nicht! *Er öffnet eine Truhe und entnimmt ihr eine Flasche Wein.* Aber dieser Stiftswein ist auch nicht von Pappe! *Er zieht den Korken. Die Türschelle geht.* Was? – Pst! – Wer hat denn die ungeheure Dreistigkeit, am Sonntagnachmittag hier anzuklingeln? *Es klingelt stärker.* Kleine, zieh dich doch mal in die Bibliothek zurück. *Alice eilt in die Bibliothek ab. Es klingelt wieder.* Donnerwetter noch mal, der Kerl ist ja irrsinnig. Er eilt nach der Tür. Gedulden Sie sich, oder scheren Sie sich! *Man hört ihn die Tür öffnen.* Wer? Wie? »Ich bin's, Fräulein Walburga«? Was? Fräulein Walburga bin ich nicht. Ich bin nicht die Tochter! Ich bin der Vater! Ach, Sie sind's, Herr Spitta! Gehorsamer Diener, ich bin der Vater! Ich bin der Vater! Was wünschen Sie denn? *Im Gange erscheint wiederum der Direktor, geleitet von Erich Spitta, einem einundzwanzigjährigen jungen Menschen, der Brille und Zwicker trägt und übrigens scharfe und nicht unbedeutende Züge hat. Spitta gilt als Kandidat der Theologie und ist entsprechend gekleidet. Er hält sich nicht gerade, und seiner Körperentwicklung ist die Studierstube und mangelhafte Ernährung anzumerken.* Wollten Sie meiner Tochter Walburga hier auf dem Speicher Privatstunde geben?

Spitta. Ich fuhr im Pferdebahnwagen vorüber und glaubte wirklich, ich hätte Fräulein Walburga unten durch das Portal ins Haus eilen sehen.

Direktor Hassenreuter. Gar keine Ahnung, mein lieber Spitta. Meine Tochter Walburga ist augenblicklich mit ihrer Mutter in der englischen Kirche, ich glaube, zu einem liturgischen Gottesdienst.

Spitta. Dann verzeihen Sie vielmals, wenn ich gestört habe. Ich nahm mir die Freiheit, heraufzukommen, weil ich mir sagte: eine Begleitung in dieser Gegend, vielleicht auf dem Rückwege nach dem Westen, wäre Fräulein Walburga am Ende nicht unangenehm.

Direktor Hassenreuter. Wohl, wohl, aber sie ist nicht hier, bester Spitta. Ich bedauere sehr. Ich selber bin nur zufällig hier: der Post wegen! und ich habe auch leider andere dringende Sachen vor. – Wünschen Sie sonst was, mein guter Spitta?

Spitta putzt seinen Kneifer und gibt Zeichen von Verlegenheit.

Spitta. Man gewöhnt sich nicht gleich an die Dunkelheit.

Direktor Hassenreuter. Sie benötigen vielleicht Ihr Stundengeld. Schade: ich habe leider die Gewohnheit, nur mit einem Notpfennig in der Westentasche auf die Straße zu gehn. Ich muß Sie schon bitten, sich zu gedulden, bis ich wieder in meiner Wohnung bin.

Spitta. Hat durchaus keine Eile, Herr Direktor.

Direktor Hassenreuter. Ja, das sagen Sie so: aber ich bin ein gehetztes Wild, guter Spitta ...

Spitta. Und doch möchte ich, da ich dieses Zusammentreffen wirklich als eine Art höherer Fügung ansehen muß, um eine Minute Ihrer kostbaren Zeit bitten. Dürfte ich, kurz, eine Frage tun?

Direktor Hassenreuter, *mit den Augen auf der Uhr, die er gezogen hat.* Genau eine Minute. Die Uhr in der Hand, bester Spitta.

Spitta. Frage und Antwort wird, denk' ich, kaum von so langer Dauer sein.

Direktor Hassenreuter. Also los!

Spitta. Habe ich wohl Talent zum Schauspieler?

Direktor Hassenreuter. Um Gottes willen, Mensch, sind Sie denn irrsinnig? – Verzeihen Sie, bester Herr Kandidat, wenn ich in einem solchen Fall bis zur Unhöflichkeit außer dem Häuschen bin. Es heißt zwar: natura non facit saltus, aber Sie haben da einen unnatürlichen Sprung gemacht. Da muß ich mal erst zu Atem kommen. Und nun Schluß davon! Denn glauben Sie mir, wenn wir beide jetzt über diese Frage zu diskutieren anfangen, so würden wir in drei bis vier Wochen, sagen wir Jahren, darüber noch nicht zum Schluß gekommen sein. – Sie sind doch Theologe, mein Bester, und stammen aus einem Pastorhaus: wie kommen Sie denn auf solche Gedanken? wo Sie doch Konnexionen haben und Ihnen die Wege zu einer behaglichen Existenz geebnet sind.

Spitta. Ja, das ist eine lange innere Geschichte, eine lange Geschichte schwerer innerer Kämpfe, Herr Direktor, die allerdings bis zu dieser Stunde nur mir bekannt und also absolutes Geheimnis gewesen sind. Da hat mich das Glück in Ihr Haus geführt, und von diesem Augenblick an fühlte ich, wie ich dem wahren Ziel meines Lebens näher und näher kam.

Direktor Hassenreuter, *mit peinlicher Ungeduld.* Das ehrt mich. Das ehrt mich und meine Familie! *Er legt ihm die Hände auf die Schulter.* Dennoch muß ich Ihnen jetzt die ganz inständige Bitte vortragen, von der Erörterung dieser Angelegenheit im Augenblicke abzusehen. Meine Geschäfte sind unaufschieblich.

Spitta. Dann möchte ich nur noch so viel hinzusetzen – damit Sie's wissen! –, daß ich absolut fest entschlossen bin.

Direktor Hassenreuter. Aber mein lieber Herr Kandidat: wer hat Ihnen denn diese Raupen in den Kopf gesetzt? Ich habe mich über Sie gefreut. Habe Sie schon im Geist Ihres friedlichen Pfarrhauses wegen beneidet. Gewissen literarischen Ambitionen, die einem hier in der Großstadt anfliegen, habe ich keinen Wert beigelegt. Das ist nur so nebenbei und verliert sich zweifellos wieder bei ihm, dachte ich mir! – Mensch, und nun wollen Sie Komödiant werden? Kurz: Gnade Gott, wenn ich Ihr Vater wär'! Ich würde Sie bei Wasser und Brot einsperren und Sie nicht eher herauslassen, als bis Ihnen jede Erinnerung an diese Torheit entschwunden wäre. Dixi! und nun adieu, guter Spitta.

Spitta. Einsperren oder irgendeine andere Gewaltmaßregel würde bei mir durchaus nichts helfen, fürcht' ich.

Direktor Hassenreuter. Aber Mensch: Sie wollen Schauspieler werden? Mit Ihrer schiefen Haltung, mit Ihrer Brille und vor allem mit Ihrem heiseren und scharfen Organ geht das doch nicht.

Spitta. Wenn es im Leben solche Käuze gibt wie mich, warum soll es nicht auch auf der Bühne solche Käuze geben? Und ich bin der Ansicht, ein wohlklingendes Organ, womöglich verbunden mit der Schiller-Goethisch-Weimarischen Schule der Unnatur, ist eher schädlich als förderlich. Die Frage ist nur: würden Sie mich, wie ich nun einmal bin, als Schüler annehmen?

Direktor Hassenreuter *zieht hastig seinen Sommerpaletot über.* Nein! denn erstens ist meine Schule auch nur eine Schule Schillerisch-Goethisch-Weimarischer Unnatur! Zweitens könnte ich es vor Ihrem Herrn Vater nicht verantworten! Und drittens zanken wir uns so schon genug, jedesmal nach den Privatstunden, die Sie in meinem Hause geben, beim Abendbrot. Das würde dann bis zur Prügelei ausarten. Und nun, Spitta: ich muß auf die Pferdebahn.

Spitta. Mein Vater ist bereits informiert. Ich habe ihm in einem zwölf Seiten langen Brief Punkt für Punkt die Geschichte meiner inneren Wandlung eröffnet ...

Direktor Hassenreuter. Sicherlich wird der alte Herr äußerst davon geschmeichelt sein! Mensch, und nun kommen Sie mit mir, ich werde sonst wahnsinnig. *Der Direktor zieht Spitta gewaltsam mit sich fort und hinaus. Man hört die Tür ins Schloß fallen.*

Es wird still bis auf das ununterbrochene Rauschen Berlins, das nun lauter hervortritt. Nun wird die Bodenklappe geöffnet, und Walburga Hassenreuter steigt in wahnsinniger Hast, gefolgt von Frau John, die Treppe herunter.

Frau John, *flüsternd, heftig.* Wat is denn? Et is doch jar nischt jeschehn.

Walburga. Frau John, ich schreie! Ich muß gleich losschreien! – Um Gottes willen, ich kann gar nicht an mich halten, Frau John.

Frau John. Taschentuch mang die Zähne, Mächen! – Et is ja jar nischt! Wat haste dir denn?

Walburga, *zähneklappernd, ihr Röcheln gewaltsam bezwingend.* Ich bin ja des Todes ... ich bin ja des Todes erschrocken, Frau John!

Frau John. Wenn ick man wißte, for wat du erschrocken bist?

Walburga. Haben Sie nicht diesen schrecklichen Menschen gesehn?

Frau John. Wat is denn da schrecklich? Det is doch mein Bruder! wo mich manchmal bei Papans seine Sachen auskloppen helfen dut.

Walburga. Und das Mädchen, was mit dem Rücken am Schornstein sitzt und wimmert?

Frau John. Det is deine Mutter nich anders jejangen, eh det du zur Welt jekommen bist.

Walburga. Ich bin hin. Ich bin tot, wenn Papa wiederkommt.

Frau John. Na, denn sieh, det de fortkommst, und fackel nich lange. *Frau John begleitet die entsetzte Walburga den Gang hinunter und läßt sie hinaus. Dann kommt sie wieder.* Det Mächen weeß, Jott sei Dank, von hellichten Dache nischt. *Sie nimmt die entkorkte Weinflasche, gießt einen der Römer voll und nimmt ihn mit auf den Boden, wo sie verschwindet.*

Kaum ist das Zimmer leer, so erscheint der Direktor wieder.

Direktor Hassenreuter, *noch an der Tür, singend.* »Komm herab, o Madonna Teresa!« *Er ruft.* Alice! *Noch immer an der Tür.* Komm mal! Hilf mir mal die eiserne Stange mit dem doppelten Schloß vor die Tür legen. Alice! *Er kommt nach vorn.* Wer jetzt noch unsere Sonntagsruhe zu stören wagt: anathema sit! – Heda! Kobold! Wo steckst du, Alice? *Er wird auf die Weinflasche aufmerksam und hebt sie in die Höhe.* Was? – Halb leer? – Schlingel! *Man hört eine hübsche weibliche Singstimme hinter der Bibliothekstür sich in Koloraturen ergehen.* Ha ha ha ha! Himmel! sie hat sich schon einen Schwips angetrunken.

Zweiter Akt

Die Wohnung der Frau John im zweiten Stock des gleichen Hauses, in dessen Dachgeschoß der Fundus des Direktors Hassenreuter untergebracht ist: ein weitläufiges, ziemlich hohes, graugetünchtes Zimmer, das seine frühere Bestimmung als Kasernenraum verrät. Die Hinterwand enthält eine zweiflügelige Tür nach dem Flur. Über ihr ist eine Schelle angebracht, die von außen an einem Draht gezogen werden kann. Rechts von der Tür beginnt eine etwas mehr als mannshohe Tapetenwand, die geradlinig nach vorn geht, hier einen rechten Winkel macht und wiederum geradlinig mit der rechten Seitenwand verbunden ist. So ist eine Art von Verschlag abgeteilt, über den einige Schrankgesimse hervorragen und der das Schlafzimmer der Familie ist.

Tritt man durch die Flurtüre ein, so hat man zur Linken ein Sofa, überzogen mit Wachsleinwand. Es ist mit der Rücklehne an die Tapetenwand geschoben. Diese ist über dem Sofa mit kleinen Familienbildchen geschmückt: Maurerpolier John als Soldat, John und Frau als Brautpaar usw. Vor dem Sofa steht ein ovaler Tisch, mit einer verblichenen Baumwolldecke. Man muß von der Tür aus an Tisch und Sofa vorübergehen, um den Zugang zum Schlafraum zu erreichen. Dieser ist mit einem Vorhang aus buntem Kattun verschlossen.

An der nach vorn gekehrten Schmalwand des Verschlages steht ein freundlich ausgestatteter Küchenschrank. Rechts davon, an der wirklichen Wand, der Herd. Wie denn der hier verfügbare kleine Raum vornehmlich zu Küchen- und Wirtschaftszwecken dienen muß.

Ein etwa auf dem Sofa Sitzender blickt gerade gegen die linke Zimmerwand und zu den beiden großen Fenstern hinaus. Am vorderen Fenster ist ein saubergehobeltes Brett als eine Art

Arbeitstisch angebracht. Hier liegen zusammengerollte Kartons (Baupläne), Pausen, Zollstock, Zirkel, Winkelmaß usw. Am hinteren Fenster ein Fenstertritt, darauf ein Stuhl und ein Tischchen mit Gläsern. Die Fenster haben keine Gardinen, sind aber einige Fuß hoch mit buntem Kattun bespannt.

Das ganze Gelaß, dessen dürftige Einrichtung ein alter Lehnstuhl aus Rohr und eine Anzahl von Holzstühlen vervollständigen, macht übrigens einen sauberen und gepflegten Eindruck, wie man es bei kinderlosen Ehepaaren des öfteren trifft.

Es ist gegen fünf Uhr am Nachmittag, Ende Mai. Die warme Sonne scheint durch die Fenster.

Maurerpolier John, ein vierzigjähriger, bärtiger, gutmütig aussehender Mann, steht behaglich am vorderen Fenstertisch und macht sich Notizen aus den Bauplänen.

Frau John sitzt mit einer Näharbeit auf dem Fenstertritt des anderen Fensters. Sie ist sehr bleich, hat etwas Weiches und Leidendes an sich, zugleich aber einen Ausdruck tiefer Zufriedenheit, der nur zuweilen von einem flüchtigen Blick der Unruhe und der lauernden Angst unterbrochen wird. An ihrer Seite steht ein Kinderwagen – sauber, neu und nett –, darin ein Säugling gebettet ist.

John, *bescheiden.* Mutter, wie wär' det, wenn ick det Fenster 'n Ritzen uffmachen däte und ick machte mir dann 'n bißken de Piepe an?

Frau John. Mußte denn rauchen? sonst laß et man lieber.

John. I, ick muß ja nich, Mutter! Ick mechte bloß jern! Aber laß man! 'n Priem, Mutter, tut et am Ende in selbijenjleichen ooch. *Er präpariert sich mit behaglicher Umständlichkeit einen neuen Priem.*

Frau John, *nach einigem Stillschweigen.* Wat? Du mußt noch ma hin uff't Standesamt?

John. Det hat er jesacht, det ick noch ma hin müßte und janz jenau anjeben ... det ick det müßte janz jenau anjeben Ort und Stunde, wo det Kindchen jeboren is.

Frau John, *Nadel am Mund.* Warum haste denn det nich anjejeben?

John. Weeß ick et denn? Ick weeß et doch nich.

Frau John. Det weeßte nich?

John. Bin ick dabei jewesen?

Frau John. Na, wenn de mir hier in meine Berliner Wohnung sitzen läßt und liechst det janze jeschlagene Jahr in Altona, kommst heechstens ma monatlich mir besuchen: wat wiste denn wissen, wat in deine Behausung vorjehn dut.

John. Wo soll ick nich jehn, wo der Meester de mehrschte Arbeet hat? Ick jeh' dorthin, wo ick scheen verdiene.

Frau John. Ick ha et dir doch in Briefe jeschrieben, det unser Jungeken hier in de Wohnung jeboren is.

John. Det weeß ick. Det hab' ick ihm ooch jesacht! Det is doch janz natierlich, hab' ick jesacht, det et in meine Wohnung jeboren is. Da hat er jesacht: Det is jar nich natierlich! – Na denn, sach' ick, mag et meinswegen uff'n Oberboden bei de Ratten und Mäuse jewesen sind! So kreppte ick mir, weil er doch sachte, det et womeechlich jar nich sollte in meine eijene Wohnung sind jewesen. Denn schrie er: Wat sind det for Redensarten! – Wat? sag' ick, ick bin for Lohn un Brot! for Redensarten, Herr Standesbeamter, bin ick nich! Un nu sollte ick Tag und Stunde anjeben ...

Frau John. Ick hab' et dir doch sojar jenau uff'n Zettel jeschrieben, Paul.

John. Wenn eener jekreppt is, denn is er verjeßlich. Ick jloobe, wenn er mir hätte jefracht: sind Sie Paul John, der Mauerpolier?, ick hätte jeantwort: ick weeß et nich. Na, nu war ick doch'n bißken verjnügt jewesen un hatte mit Fritzen eenen jekippt; denn war noch Schubert und Schindler Karl zujekomm; denn hieß et: ick muß nu 'ne Lage jeben, weil ick doch Vater jeworden bin! – Na! un die Brieder wollten mir ooch nich loslassen un warteten unten an de Tür von't Standesamt. Un nu dachte ick, det se unten stehen! und wo er mir frachte, an welchen Dache det meine Frau entbunden is, denn wußte ick nischt un mußte laut loslachen.

Frau John. Häste man nachher jetrunken, Paul, un haste vorher besorcht, wat neetig is!

John. Det sachste so! Aber wenn du uff deine ollen Dache noch so 'ne Zicken machst! denn wa ick verjnügt! denn freut' ick mir, Mutter.

Frau John. Nu jehste und sachst bein Standesamt, det dein Kindeken an fünfundzwanzigsten Mai von deine Ehefrau in deine Wohnung jeboren is.

John. War et denn nich an sechsundzwanzigsten? Ick ha nämlich schlankweg dem sechsundzwanzigsten Mai jesacht! Denn hieß et, weil er doch merkte, det ick an Ende nich so janz sicher war: stimmt's, denn is jut! sonst komm Se wieder.

Frau John. I, denn laß et man, wie et is. *Die Tür wird geöffnet, und Selma Knobbe schiebt einen elenden Kinderwagen herein, der im traurigsten Gegensatz zu dem der Frau John steht; darin liegt, in jämmerlichsten Lumpen, ebenfalls ein Säugling.* Nee nee, Selma, mit det kranke Kind bei uns in de Stube rieber, det jing woll vordem, nu jeht det nich.

Selma. Et keucht so ville mit sein Husten. Drieben bei uns wird zu ville jeroocht, Frau John.

Frau John. Ick ha dir jesacht, Selma, du kannst immer komm, ma Milch un ma Brot holen. Aber wo hier mein Adelbertchen womeechlich mit Auszehrung oder derjleichen anfliejen dut, laß du det arme Wurm drieben bei seine feine Mama drieben.

Selma, *weinerlich.* Mutter is jestern und heut nich zu Hause jekomm. Ick kann nachts nich schlafen mit det Kind. Helfjottchen quarrt de janze Nacht ieber. Ick muß doch ma schlafen. Ick spring' zum Fenster raus, oder ick lass' Helfjottchen mitten uff de Straße und nehme Reißaus, det mir keen Polizist nich mehr finden kann.

John *betrachtet das fremde Kind.* Sieht beese aus! Mutter, nimm dich ma mit det Häufchen Unglick 'n bißken an.

Frau John, *resolut, drängt Selma mit dem Kinderwagen hinaus.* Marsch, fort aus der Stube! Det jeht nich, Paul. Wer eejnet hat, kann sich mit fremde nich abjeben. Soll de Knobben sehn, wo se bleiben dut. Wat anders is Selma! Du kannst immer rieberkomm. Du kannst dir hier ooch hernach 'n bißken uffs Ohr leejen. *Selma mit dem Kinderwagen ab. Frau John verschließt die Tür hinter ihr.*

John. Hast dir doch frieher mit die Knobbeschen Rotznäsen immer bekümmert!

Frau John. Det vastehste nich. Det sich Adelbertchen womeechlich mit schlimme Oochen un Krämpfe von een andret anstecken dut.

John. Det mag sind. Bloß nenn ihm nich Adelbertchen, Mutter. Det dut nich jut, 'n Kind 'n selbichten Namen zu jeben wie een andret, det mit acht Dache, unjedooft, mit Dot abjejang'n is. Det laß man! davor ha ick Manschetten, Mutter.

Es wird an die Tür geklopft. John will öffnen.

Frau John. Wat denn?

John. Na, Jette, 't will eener rin.

Frau John *dreht hastig den Schlüssel herum.* Ick wer mir woll, wo ick marode bin, von alle Welt ieberloofen lassen. *Sie horcht und ruft dann.* Ick kann nich uffmachen: wat wollen Se denn?

Eine Frauenstimme, *aber tief und männlich.* Ich bin Frau Direktor Hassenreuter.

Frau John, *überrascht.* Ach Jott nee! *Sie öffnet die Tür.* Nehm Se't nich iebel, Frau Direkter! Ick ha ja nich ma jewußt, wer't is.

Frau Direktor Hassenreuter ist nun, gefolgt von Walburga, eingetreten. Sie ist eine kolossale, asthmatische Dame, älter als fünfzig. Walburga ist ein wenig unscheinbarer gekleidet als im ersten Akt. Sie trägt ein ziemlich umfangreiches Paket.

Frau Direktor Hassenreuter. Guten Tag, Frau John! Ich wollte doch nun – obgleich mir das Treppensteigen schwer wird ... wollte doch nun mal sehen, wie's nach dem frohen Ereignis ... ja ... Ereignis mit Ihnen beschaffen ist.

Frau John. Et jeht mir, Jott sei Dank, wieder so hallweeje, Frau Direkter.

Frau Direktor Hassenreuter. – Das ist doch wahrscheinlich Ihr Mann, Frau John? Das muß man sagen ... muß man sagen – daß Ihre liebe Frau – sich in der langen Wartezeit niemals beklagt und immer ... immer fröhlich und guter Dinge – ihre Arbeit oben bei meinem Mann im Theatermagazin verrichtet hat.

John. Det is ooch. Se hat ihr mächtig jefreit, Frau Direkter.

Frau Direktor Hassenreuter. Nun, da wird man wohl auch ... da wird Ihre Frau wohl die Freude haben – Sie öfters ... öfters als wie bisher – zu Hause zu sehn.

Frau John. Ick ha'n juten Mann, Frau Direkter, wo sorjen dut und solide is. Und deshalb, weil Paul auswärts uff Arbeet jeht, denn hat er mir längst nich sitzen lassen. Aber for so'n Mann, wo'n Bruder schon 'n Jungen von zwölf in de Unteroffiziersschule hat ... det is ooch keen Leben, ohne Kinder! denn kricht er Jedanken! denn macht er in Hamburg scheenet Jeld! denn is alle Dache Jelejenheet, un denn will er fort nach Amerika auswandern.

John. I, Jette, det war ja man bloß so'n Jedanke.

Frau John. Sehn Se, det is mit uns kleene Leite ... det is'n sauer verdientes Durchkommen, wo unsereens hat, aber jedennoch ... *Sie fährt*

John schnell mit der Hand durchs Haar. Wenn ooch eener mehr is un Sorjen mehr sin – sehn Se, det Wasser läuft ihm de Backen runter! – denn freut er sich.

John. Det is, wir haben schon vor drei Jahre 'n Jungchen jehabt, und det is mit acht Dache einjejang.

Frau Direktor Hassenreuter. Das hat mir mein Mann ... mein Mann bereits ... hat mir mein Mann bereits gesagt – wie sehr Sie sich – um den Sohn gegrämt haben. Sie wissen ja ... wissen ja, wie mein braver Mann – Aug' und Herz ... Herz und Auge für alles hat. Und wenn es sich gar ... gar um Leute handelt – die um ihn sind und ihm Dienste leisten – da ist alles Gute ... und Schlimme ... alles Gute und Schlimme ... was ihnen zustößt ... zustößt, so, als war' es ihm selbst passiert.

Frau John *klopft John auf die Schulter.* Ick seh' ihm noch, wie er mit det kleene Kindersärjiken uff beede Knie dazumal in Kinderleichenwachen jesessen hat. Det durfte d'r Dotenjräber nich anriehren.

John *wischt sich Wasser aus den Augen.* Det war ooch so. Det jing ooch nich.

Frau Direktor Hassenreuter. Denken Sie ... denken Sie, heute mittag bei Tisch – mußten wir ... mußten wir plötzlich Wein trinken. Wein! wo Leitungswasser in den letzten Jahren ... Karaffen mit Leitungswasser – unser einziges ... einziges Getränk bei Tische ist. Liebe Kinder, sagte mein Mann. – Er ist, wie Sie wissen, elf oder zwölf Tage in den Elsaß verreist gewesen! ... Also ich trinke, sagte mein Mann, auf meine gute, brave Frau John, weil ... rief er mit seiner schönen Stimme! ... weil sie sichtbares Zeichen dafür ist, daß unserem Herrgott ... Herrgott der Schrei eines Mutterherzens nicht gleichgültig ist. – Und da haben wir auf Sie angestoßen! – So! – Und nun bringe ich ... bringe ich Ihnen hier im ganz besonderen ... ganz besonderen Auftrage meines Mannes einen sogenannten Soxhlet-Kinder-Milchapparat. – Walburga, du magst den Kessel mal auspacken.

Direktor Hassenreuter tritt ohne Umstände durch die nur angelehnte Flurtür herein. Er trägt Zylinder, Sommerpaletot, Handschuhe, spanisches Rohr mit Silbergriff, im ganzen die etwas abgeschabte Garnitur des Wochentags. Er spricht hastig und fast ohne Pausen.

Direktor Hassenreuter, *sich den Schweiß von der Stirn wischend.* Heiß! Berlin macht heiß, meine Herrschaften! In Petersburg ist die Cholera! Sie haben meinen Schülern Spitta und Käferstein gegenüber geklagt, daß Ihr Kindchen nicht zunehmen will, Frau John. Eigentlich ist es ja ein Verfallssymptom unserer Zeit, daß die meisten Mütter ihre Kinder selber zu nähren nicht mehr fähig oder nicht willens sind. Sie haben schon einmal einen Jungen am Brechdurchfall eingebüßt, Mutter John. Hilft alles nichts: wir müssen hier deutsch reden! Damit Sie nun diesmal nicht wieder Pech haben und nicht etwa gar in die Scheren von allerlei alten Basen fallen, deren gute Ratschläge meistens für Säuglinge tödlich sind, hat Ihnen meine Frau auf meine Veranlassung diesen Milchkochapparat mitgebracht. Ich habe damit meine ganze kleine Gesellschaft, auch die Walburga, großgezogen ... Sapristi! da sieht man ja auch mal wieder den Herrn John! Bravo! der Kaiser braucht Soldaten! und Sie hatten einen Stammhalter nötig, Herr John! Gratuliere Ihnen von ganzem Herzen. *Er schüttelt John kräftig die Hand.*

Frau Direktor Hassenreuter, *am Kinderwagen.* Wieviel ... wieviel hat es gewogen bei der Geburt?

Frau John. Et hat jenau acht Pfund und zehn Jramm jewogen.

Direktor Hassenreuter, *jovial, laut und lärmig.* Ha ha ha, strammes Produkt! Acht Pfund zehn Gramm frisches deutschnationales Menschenfleisch.

Frau Direktor Hassenreuter. Die Augen! das Näschen! der ganze Vater! – Das Kerlchen ist Ihnen wirklich ... wirklich wie aus dem Gesicht geschnitten, Herr John.

Direktor Hassenreuter. Sie werden den Bengel doch hoffentlich in die Gemeinschaft der christlichen Kirche aufnehmen lassen.

Frau John, *glücklich und gewichtig.* Det wird richtig in de Parochialkirche, richtig am Taufstein, richtig von Jeistlichen wird et jetauft.

Direktor Hassenreuter. Sessa! Und welche sind seine Taufnamen?

Frau John. Det hat natierlich, wie Männer nu eemal sind, 'n langet Jerede abjesetzt. Ick dachte: Bruno! Det will er nich.

Direktor Hassenreuter. Aber Bruno ist doch kein übler Name.

John. Det mag immer sind, det Bruno weiter keen iebler Name is. Da will ick mir weiter drieber nich ausdricken.

Frau John. Wat sachste nich, det ick'n Bruder habe, wo Bruno heeßt und wo zwölf Jahre jinger is: und jeht manchmal 'n bißken uff leichte Weje. Det is bloß de Verführung! Der Junge is jut! Det jloobste nich!

John *bekommt einen roten Kopf.* Jette ... du weeßt, wat det mit Brunon for'n Kreuz jewesen is! – Wat wiste?! Soll unser Jungeken so'n Patron kriejen? – Et is'n Patron! Aber eener, ick kann et nich ändern ... eener, wo unter polizeiliche Uffsicht is.

Direktor Hassenreuter, *lachend.* Um's Himmels willen, dann suchen Sie ihm einen anderen Patron!

John. Jott soll mir bewahren ... ick ha mir bei Brunon angenommen, in de Maschinschlosserei Stellung verschafft, nischt davon jehat als Ärjer un Schande! Jott soll bewahren, det er womeechlich kommt un mein Jungeken anfassen dut! *Er krampft die Faust.* Denn, Jette ... denn kennt' ick nich for mir jutsachen.

Frau John. Immerzu doch, Paul. Bruno kommt ja nich! – Soviel kann ick dir aber jewißlich Sachen, det mein Bruder mich in die schweren Stunden redlich bei Seite jewesen is.

John. Warum haste mir nich lassen kommen, Jette?

Frau John. So'n Mann, wo Angst hat, mocht' ick nich.

Direktor Hassenreuter. Sind Sie nicht Bismarckverehrer, John?

John *kratzt sich hinter den Ohren.* Det kann ick nu so jenau nich sachen: aber, wat meine Jenossen in't Mauerjewerbe sind, die sind et nich.

Direktor Hassenreuter. Dann habt ihr kein deutsches Herz im Leibe! Ich habe meinen ältesten Sohn, der bei der Kaiserlichen Marine ist, Otto genannt! Und glauben Sie mir, – *er weist auf das Kindchen* – diese neue künftige Generation wird wissen, was sie dem Schmiede der deutschen Einheit, dem gewaltigen Heros schuldig ist. *Er nimmt den Blechkessel des Milchapparates, den Walburga ausgepackt hat, in die Hände und hebt ihn hoch.* Also, die ganze Geschichte mit diesem Milchapparat ist kinderleicht: das ganze Gestell mit sämtlichen Flaschen – jede Flasche zunächst ein Drittel mit Milch und zwei Drittel mit Wasser gefüllt! – wird in diesen Kessel mit kochendem Wasser gestellt. Auf diese Weise, wenn man das Wasser im Kessel anderthalb Stunden lang auf dem Siedegrade hält, wird der Inhalt der Flaschen keimfrei gemacht: die Chemiker nennen das sterilisieren.

John. Jette, bei de Frau Mauermeester ihre Milch, womit sie die Zwillinge uffziehen dut, wird et ooch sterililililililisiert.

Die Schüler des Direktors Hassenreuter, Käferstein und Dr. Kegel, zwei junge Leute im Alter zwischen zwanzig und fünfundzwanzig, haben angeklopft und die Tür geöffnet.

Direktor Hassenreuter, *der seine Schüler bemerkt hat.* Geduld, meine Herren, ich komme gleich. Ich arbeite hier einstweilen noch im Fache der Säuglingsernährung und Kinderfürsorge.

Käferstein, *ausgesprochener Kopf, große Nase, bleich, ernster Gesichtsausdruck, bartlos, einen immer schalkhaften Zug um den Mund. Mit Grabesstimme, weich, zurückhaltend.* Wir sind nämlich die drei Könige aus dem Morgenlande.

Direktor Hassenreuter, der noch immer den Milchkochapparat hoch in den Händen hält. Was sind Sie?

Käferstein, *wie vorher.* Wir wollen das Kindelein grüßen.

Direktor Hassenreuter. Ha ha ha ha! Wenn Sie schon Könige aus dem Morgenlande sind, meine Herren, dann fehlt doch, soweit ich sehn kann, der dritte.

Käferstein. Der dritte ist unser neuer Mitschüler auf dem Felde dramaturgischer Tätigkeit, Kandidat der Theologie Erich Spitta, der durch einen gesellschaftspsychologischen Zwischenfall einstweilen noch Ecke Blumen- und Wallnertheater-Straße festgehalten ist.

Dr. Kegel. Wir machten uns eiligst aus dem Staube.

Direktor Hassenreuter. Sehen Sie, es steht ein Stern über Ihrem Hause, Frau John! – Aber sagen Sie mal, hat sich etwa unser braver Kurpfuscher Spitta wieder mal öffentlich an die Heilung sogenannter sozialer Schäden gemacht? Ha ha ha ha! Semper idem! das ist ja ein wahres Kreuz mit dem Menschen.

Käferstein. Es war ein Auflauf, und da hat er wohl, wie es scheint, in der Volksmenge eine Freundin wiedererkannt.

Direktor Hassenreuter. Meiner unmaßgeblichen Meinung nach würde der junge Spitta viel besser zum Sanitätsgehilfen oder zum Heilsarmeeoffizier geeignet sein. Aber so ist es: der Mensch wird Schauspieler.

Frau Direktor Hassenreuter. Der Lehrer der Kinder, Herr Spitta, wird Schauspieler?

Direktor Hassenreuter. Wenn du erlaubst, Mama, hat er mir die Eröffnung gemacht. – Aber nun, wenn Sie Weihrauch und Myrrhen bringen, packen Sie aus, lieber Käferstein. Sie sehen, Ihr Direktor ist vielseitig. Bald verhelfe ich meinen Schülern, die ihr nach dem Inhalt der Brüste der Musen durstig seid, zu geistiger Nahrung, Nutrimentum Spiritus! bald ...

Käferstein *klappert mit einer Sparkasse.* Nun, ich stelle also das Ding, es ist eine feuersichere Sparkasse, hier neben die Equipage des jungen

Herrn Maurerpoliers, mit dem Wunsche, daß er es mindestens mal bis zum Regierungsbaumeister bringen möge.

John *hat Schnapsgläschen auf den Tisch gestellt, nimmt und entkorkt eine unangebrochene Likörflasche.* Na, nu muß ick det Danziger Joldwasser uffmachen.

Direktor Hassenreuter. Wer da hat, Sie sehen, dem wird gegeben, Frau John.

John, *während er eingießt.* Det is nich jesacht, det for Mauerpolier John sein Kind nich jesorcht wäre, meine Herrn! Aber ick rechen et mir an, meine Herrn. *Frau Direktor und Walburga ausgenommen, ergreifen alle die Gläser.* Wohlsein! – Mutter, nu komm, wir wolln ooch ma anstoßen.

Es geschieht, sie trinken.

Direktor Hassenreuter, *im Ton der Rüge.* Mama, du mußt selbstverständlich mittrinken.

John, *nachdem er getrunken hat, aufgeräumt.* Ick jeh' nu ooch nich mehr nach Hamburg hin. D'r Meester mag ma'n andern hinschicken. Ick zerjle mir schonn mit'n Meester deswejen drei Dache rum. Ick muß mir nu wieder jleich mein Hut nehmen; hat mir wieder ma jejen sechs uffs Büro bestellt! Wenn er nich will, denn laßt er't bleiben: det jeht nich, det'n Familienvater immer un ewich wech von seine Familie is. Ick ha'n Kollegen ... et kost mir een Wort, da wer ick, wo se de Fundamente lejen, bei't neue Reichstagsjebäude einjestellt. Zwölf Jahre bin ick bei meinen Meester! Et kann ja ooch ma woanders sind.

Direktor Hassenreuter *klopft John ebenfalls auf die Schulter.* Sessa! ganz Ihrer Ansicht, Herr Maurerpolier. Unser Familienleben ist eine Sache, die man uns mit Geld und guten Worten nicht abkaufen kann.

Kandidat Erich Spitta tritt ein. Sein Hut ist beschmutzt, sein Anzug trägt Schmutzflecken. Er ist ohne Schlips. Er sieht bleich und erregt aus und säubert mit dem Taschentuch seine Hände.

Spitta. Verzeihung. Könnte ich mich bei Ihnen mal eben 'n bißchen säubern, Frau John?

Direktor Hassenreuter. Ha ha ha! Um Gottes willen, was haben Sie denn angebahnt, guter Spitta?

Spitta. Ich habe nur eine Dame nach Hause begleitet, Herr Direktor, weiter nichts.

Direktor Hassenreuter, *der an einem allgemeinen Lachausbruch ob der Worte Spittas teilgenommen hat.* Na hören Sie mal an! Und da setzen Sie noch hinzu: »weiter nichts«? Und verkünden es offen vor allen Leuten?

Spitta, *verblüfft.* Wieso nicht? Es handelte sich um eine gutgekleidete Dame, die ich hier im Hause auf der Treppe schon öfters gesehen hatte und die leider auf der Straße verunglückt ist.

Direktor Hassenreuter. Ach, was Sie sagen: erzählen Sie mal, bester Spitta. Augenscheinlich hat die Dame Ihnen Flecke auf den Anzug und Schrammen auf die Hände gemacht.

Spitta. Ach nein. Das war wohl höchstens der Janhagel. Die Dame erlitt einen Anfall. Ein Schutzmann griff sie dabei so ungeschickt, daß sie auf den Straßendamm, und zwar dicht vor einem Paar Omnibuspferde, niederfiel. Ich konnte das absolut nicht mit ansehen, obgleich der Samariterdienst auf der Straße im allgemeinen, wie ich zugebe, unter der Würde gutgekleideter Leute ist.

Frau John schiebt den Kinderwagen hinter den Verschlag und kommt wieder mit einem Waschbecken voll Wasser, das sie auf einen Stuhl setzt.

Direktor Hassenreuter. Gehörte die Dame vielleicht jener internationalen guten Gesellschaft an, die man je nachdem nur reglementiert oder auch kaserniert?

Spitta. Das war mir in diesem Falle ebenso gleichgültig, wie ich sagen muß, Herr Direktor, wie dem Omnibusgaul, der seinen linken Vorderhuf geschlagene fünf, sechs oder acht Minuten lang, um die Frau nicht zu treten, die unter ihm lag, in der Schwebe gehalten hat. *Spitta erhält eine*

Lachsalve zur Antwort. Sie lachen! Für mich ist das Verhalten des Gauls nicht lächerlich. Ich konnte ganz gut verstehen, daß einige Leute ihm Bravo zuriefen, Beifall klatschten, andre eine Bäckerei stürmten und Semmeln herausholten, womit sie ihn fütterten.

Frau John, *fanatisch.* I, hätt' er man feste zujetreten! *Die Bemerkung der John löst wieder allgemeines Gelächter aus.* Und ieberhaupt, wat die Knobben is: die jehört öffentlich uff'n Schandarmenmarkt, öffentlich uff de Bank jeschnallt und jehörig mit Riemen durchjefuchtelt! Stockhiebe, det det Blut man so spritzt.

Spitta. Ich habe mir niemals eingebildet, daß das sogenannte Mittelalter eine überwundene Sache ist. Es ist noch nicht lange her. Man hat eine Witwe Mayer noch im Jahre achtzehnhundertundsiebenunddreißig hier in Berlin, auf dem Hausvogteiplatz, von unten herauf geradebrecht. *Er zieht Scherben einer Brille hervor.* Übrigens muß ich sofort zum Optiker.

John, *zu Spitta.* Entschuldijen Se man! Se haben die feine Dame doch hier am Flur jejenieber rinjebracht? Na ja! Det hat Mutter ja jleich jemerkt, det det keen andrer Mensch wie de Knobben jewesen is, wo bekannt for is, det se Mädel mit zwölf uff de Jasse schickt, selber fortbleibt, trinkt und allerhand Kundschaft hat, um Kinder nich kümmert und, wo berauscht is und uffwachen dut, allens mit Fäuste und Schirme durchpriejelt.

Direktor Hassenreuter, *sich raffend und besinnend.* Allons, meine Herren, wir müssen zum Unterricht. Es fehlt uns schon eine Viertelstunde. Meine Zeit ist gemessen. Unser Stundenschluß muß leider heute ganz pünktlich sein. Komm, Mama. Auf Wiedersehn, meine Herrschaften. *Der Direktor gibt seiner Frau den Arm und geht, gefolgt von Käferstein und Dr. Kegel, ab. Auch John nimmt seinen Kalabreser.*

John, *zu seiner Frau.* Adje, ick muß ooch zum Meester hin. *Auch John geht.*

Spitta. Könnten Sie mir mal einen Schlips leihen?

Frau John. Ick will mal sehn, wat sich bei Paul in de Schublade vorfinden dut. *Sie öffnet den Tischschub und verfärbt sich.* Jesus! *Sie nimmt ein durch ein buntes Band zusammengehaltenes Büschelchen Kinderhaar aus der Schublade.* Da hab' ick ja'n Büschelschen Haar jefunden, wo mein Jungeken, wo mein Adelbertchen schon in Sarch mit Vaters Papierschere abjeschnitten is. *Tiefe, kummervolle Traurigkeit zieht plötzlich über ihr Gesicht, das sich aber ebenso plötzlich wieder aufhellt.* Un nu liecht et doch wieder in Kinderwachen! *Sie geht mit eigentümlicher Fröhlichkeit, das Haarbüschel in der Hand den jungen Leuten vorweisend, zur Tür des Verschlages, wo der Kinderwagen, zwei Drittel sichtbar, sich befindet. Dort angelangt, hält sie das Haarbüschel an das Kinderköpfchen.* Na nu kommt mal, kommt mal! *Sie winkt mit seltsamer Heimlichkeit Walburga und Spitta, die auch neben sie an den Kinderwagen treten.* Seht mal det Härchen und det! –? ob det nich detselbichte ... ob det nich janz und jänzlich een und detselbichte Härchen is.

Spitta. Richtig! Bis auf die kleinste Nuance, Frau John.

Frau John. Jut so! jut so! mehr wollt' ick nich! *Sie verschwindet mit dem Kinde hinter dem Verschlag.*

Walburga. Findest du nicht, Erich, daß das Betragen der John eigentümlich ist?

Spitta *faßt Walburgas Hände und küßt sie scheu und inbrünstig.* Ich weiß nicht, weiß nicht – ... oder ich zähle heut nicht mit, weil ich alles von vornherein subjektiv düster gefärbt sehe. Hast du den Brief bekommen?

Walburga. Jawohl. Aber ich konnte nicht herausfinden, warum du so lange nicht bei uns gewesen bist.

Spitta. Verzeih, Walburga, ich konnte nicht kommen.

Walburga. Warum nicht?

Spitta. Weil ich innerlich zu zerrissen bin.

Walburga. Du willst Schauspieler werden? Ist's wahr? Du willst umsatteln?

Spitta. Was schließlich noch mal aus mir wird, steht bei Gott! Nur niemals ein Pastor! niemals ein Landpfarrer!

Walburga. Du, ich habe mir lassen die Karten legen.

Spitta. Das ist Unsinn, Walburga. Das sollst du nicht.

Walburga. Ich schwöre dir, Erich, es ist kein Unsinn. Sie hat mir gesagt, ich hätte einen heimlichen Bräutigam, und der sei Schauspieler. Natürlich hab' ich sie ausgelacht, und gleich darauf sagt Mama, du wirst Schauspieler.

Spitta. Tatsächlich?

Walburga. Tatsächlich! Und dann hat mir die Kartenlegerin noch gesagt, wir würden durch einen Besuch viel Not haben.

Spitta. Mein Vater kommt nach Berlin, Walburga, und das ist allerdings wahr, daß uns der Alte Herr etwas zu schaffen machen wird. – Vater weiß das nicht, aber ich bin mit ihm innerlich längst zerfallen, auch ohne diese Briefe, die mir hier in der Tasche brennen und mit denen er meine Beichte beantwortet hat.

Walburga. Über unserm verunglückten Rendezvous hat wirklich ein böser, neidischer, giftiger Stern geschwebt. Wie habe ich meinen Papa bewundert! Aber seit jenem Sonntag werde ich aller Augenblick' rot für ihn, und sosehr ich mir Mühe gebe, ich kann ihm seitdem nicht mehr gerade und frei ins Auge sehn.

Spitta. Hast du mit deinem Papa auch Differenzen gehabt?

Walburga. Ach, wenn es bloß das wäre! Ich war stolz auf Papa! Und jetzt muß ich zittern, wenn du es wüßtest, ob du uns überhaupt noch achten kannst.

Spitta. Ich und verachten! Ich wüßte nicht, was mir weniger zukäme, gutes Kind. Sieh mal: ich will mit Offenheit gleich mal vorangehn. Eine sechs Jahre ältere Schwester von mir war Erzieherin, und zwar in einem adligen Hause. Da ist etwas passiert ... und als sie im Elternhaus Zuflucht suchte, stieß mein christlicher Vater sie vor die Tür. Er dachte wohl: Jesus hätte nicht anders gehandelt! Da ist meine Schwester allmählich gesunken, und nächstens werden wir beide mal nach dem kleinen sogenannten Selbstmörderfriedhof bei Schildhorn gehn, wo sie schließlich gelandet ist.

Walburga *umarmt Spitta.* Armer Erich, davon hast du ja nie ein Wort gesagt.

Spitta. Das ist eben nun anders: ich spreche davon. Ich werde auch hier mit Papa davon sprechen, und wenn es darüber zum Bruche kommt. – Du wunderst dich immer, wenn ich erregt werde und wenn ich mich manchmal nicht halten kann, wo ich sehe, wie irgendein armer Schlucker mit Füßen gestoßen wird, oder wenn der Mob etwa eine arme Dirne mißhandelt. Ich habe dann manchmal Halluzinationen und glaube am hellichten Tage Gespenster, ja meine leibhaftige Schwester wiederzusehn.

Pauline Piperkarcka, ebenso wie früher gekleidet, tritt ein. Ihr Gesichtchen erscheint bleicher und hübscher geworden.

Die Piperkarcka. Jun Morjen.

Frau John, *hinter dem Verschlage.* Wer ist denn da?

Die Piperkarcka. Pauline, Frau John.

Frau John. Pauline? – Ick kenne keene Pauline.

Die Piperkarcka. Pauline Piperkarcka, Frau John.

Frau John. Wer? – Denn wachten Se man 'ne Minute, Pauline.

Walburga. Adieu, Frau John.

Frau John *erscheint vor dem Verschlage, schließt sorgfältig den Vorhang hinter sich.* Jawoll! Ick ha mit det Freilein wat zu verabreden. Seht ma, det ihr naus uff de Straße kommt. *Spitta und Walburga schnell ab. Frau*

John schließt die Tür hinter beiden. Sie sind et, Pauline? Wat wollen Se denn?

Die Piperkarcka. Wat werde wollen? Et hat mir herjetrieben. Habe nich länger warten können. Muß sehn, wie steht.

Frau John. Wat denn? Wat soll denn stehn, Pauline?

Die Piperkarcka, *mit etwas schlechtem Gewissen.* Na, ob jesund is, ob jut in Stand.

Frau John. Wat soll denn jesund, wat soll denn in Stande sind?

Die Piperkarcka. Dat sollen woll wissen von janz alleine.

Frau John. Wat soll ick denn von alleene wissen?

Die Piperkarcka. Ob Kind auch nich zujestoßen is.

Frau John. Wat for'n Kind? Un wat zujestoßen? Reden Se deitsch! Se blubbern ja man keen eenziget richtiget deitsches Wort aus de Fresse raus.

Die Piperkarcka. Wenn ick nur sagen, was wahr is, Frau John.

Frau John. Na wat denn?

Die Piperkarcka. Mein Kind ...

Frau John *haut ihr eine gewaltige Backpfeife.* ... Det sache noch mal, un denn kriste so lange den Schuh um de Ohren, bis et dir vorkommt, det du 'ne Mutter von Drillinge bist. Nu raus! Un nu laß dir nich wieder blicken!

Die Piperkarcka *will fort. Rüttelt an der Tür, die aber verschlossen ist.* Hat mir jeschlagen, zu Hilfe, zu Hilfe! Brauche mir nich jefallen zu lassen! *Weinend.* Aufmachen! Hat mir mißhandelt Frau John!

Frau John, *vollkommen umgewandelt, umarmt Pauline, sie so zurückhaltend.* Pauline, um Jottes willen, Pauline! Ick weeß nich, wat in mir jefahren hat! Sein Se man jut, ick leiste ja Abbitte! Wat soll ick tun? Pauline, soll ick fußfällig uff de Knie, Pauline, Pauline, Abbitte tun?

Die Piperkarcka. Was haben mir ins Jesicht jeschlagen? Ick jehe zu Wache und zeigen an, det mir hier ins Jesicht jeschlagen hat. Ick zeigen an, ick gehen zu Wache.

Frau John *hält ihr Gesicht hin.* Da! hauste mir wieder in't Jesicht! denn is et jut! denn is et verjlichen.

Die Piperkarcka. Ick jehe zu Wache ...

Frau John. Denn is et verjlichen. Ick sache, Mächen, denn is et. Mächen, sag' ick, akkurat mit de Waage verjlichen! Wat wiste nu, Mächen? Nu jeradezu.

Die Piperkarcka. Wat soll mich nützen, wenn Backe jeschwollen is.

Frau John *haut sich selbst einen Backenstreich.* Da! Meine Backe is ooch jeschwollen. Mächen, hau zu, und jeniere dir nich. – Un denn komm, denn raus, watte uff'n Herzen hast. Ick will mittlerweile ... ick koche inzwischen for Sie und for mir, Freilein Pauline, 'n rechten juten Bohnenkaffee, Jott weeß et, und keene Zichorientunke.

Die Piperkarcka, *weicher.* Warum sin denn auf einmal so niederträchtig und jrob zu mich armes Mächen, Frau John?

Frau John. Det is et! det mecht' ick alleene wissen! Komm Se, Pauline, setzen sich. So! Scheeneken sag' ick! Setzen sich! Scheen, det Se mich ma besuchen komm! Wat ha ick von meine Mutter deswejen schon for Schmisse jekricht, ick bin doch aus Brickenberch jebürtig! weil ick mir manchmal ja nich jekannt habe. Die hat mehr wie eemal zu mich jesacht: Mädel, paß uff: du machst dir ma unglücklich. Det kann ooch sin, det se recht haben dut. Wie jeht's, Pauline, wat machen Se denn?

Die Piperkarcka *legt Scheine und Silbergeld, die Hand voll, ohne zu zählen, auf den Tisch.* Hier is det Jeld: ick brauchen ihm nicht.

Frau John. Ick weeß doch von keenen Jelde, Pauline.

Die Piperkarcka. Oh, werden woll janz jut wissen von Jeld! Et hat mir jebrannt. Et war mich wie Schlange unter Kopfkissen ...

Frau John. I wo denn ...?

Die Piperkarcka. Is vorjekrochen, wo ick müde bin einjeschlafen. Hat mir jepeinigt, hat mir umringt! hat mir jequetscht, wo ick habe laut aufjeschrien, und meine Wirtin hat mir jefunden, wo ick fast abjestorben längelang auf Diele jelegen bin.

Frau John. Lassen Se det man jut sind, Pauline! – Trinken Se erst ma'n kleenen Schnaps! *Sie gießt ihr Kognak ein.* Un dann essen Se erst ma'n Happenpappen: mein Mann hat jestern Jeburtstag gehat.

Sie holt einen Streuselkuchen, von dem sie Streifen schneidet.

Die Piperkarcka. I wo denn, ick mag nich essen, Frau John.

Frau John. Det stärkt, det dut jut, det mussen Se essen! Aber ick muß mir doch freuen, Pauline, det Se doch wieder mit Ihre jute Natur bei Ihre Kräfte jekommen sin.

Die Piperkarcka. Nu will ick et aber mal sehn, Frau John.

Frau John. Wat denn, Pauline? Wat wolln Se denn sehn?

Die Piperkarcka. Hätt' ick laufen jekonnt, wär' ick früher jekomm. Das will jetzt sehn, warum jekommen bin.

Frau John, deren fast kriechende Freundlichkeiten von angstvoll bebenden Lippen gekommen sind, erbleicht auf eine unheilverkündende Weise und schweigt. Sie geht nach dem Küchenschrank, reißt die Kaffeemühle heraus und schüttet heftig Kaffeebohnen hinein. Sie setzt sich, quetscht die Kaffeemühle energisch zwischen die Knie, faßt die Kurbel und starrt mit einem verzehrenden Ausdruck namenlosen Hasses zur Piperkarcka hinüber.

Frau John. So? – Ach! – Wat wiste sehen? – Wat wiste nu jetzt uff eemal sehn? – Det, det watte hast mit deine zwee Hände erwürjen jewollt.

Die Piperkarcka. Ick? –

Frau John. Wiste noch liejen? Ick werde dir anzeijen.

Die Piperkarcka. Nu haben mir aber jenug jequält und bis auf't Blut jemartert, Frau John. Mir nachjestellt! mir Schritt und Tritt nich Ruhe jelassen. Bis haben Kind auf Oberboden auf Haufen alter Lumpen zu Welt jebracht. Mich Hoffnung jemacht, mit schlechten Spitzbubenjungen Angst jemacht. Mich Karten jelegt von wegen mein Bräutigam un weiterjehetzt, bis bin wie verrückt jeworden.

Frau John. Det bist du ooch noch! Jawoll: du bist janz und jar verrückt! Wat, ick hab' dir jequält? Wat hab' ick? Ick habe dir aus'n Rinnstein jelesen! Ick hab' dir jeholt bei Schneejestöber, bei de Normaluhr, wo de hast mit verzweifelte Oochen – un wie de hast ausjesehen! – hintern Lanternanzünder herjestarrt. Jawoll: denn ha ick dir nachjestellt, det dir der Schutzmann, det dir der jrüne Wachen, det dir der Deibel nich hat holen jekonnt! Ick habe dir keene Ruhe jelassen, ick ha dir jemartert, bis det de nich sollst mit dein Kind unterm Herzen in't Wasser jehn. *Äfft ihr nach.* Ick jeh' im Landwehrkanal, Mutter John! Ick erwürje det Kind! Ick ersteche det Wurm mit meine Hutnadel! Ick jeh', ick lauf, wo der Lump von Vater sitzen un Zither spielen dut, mitten in't Lokal, und schmeiß' ihn det tote Kind vor die Fieße. Det haste jesacht, so haste jesprochen, so jing et den lieben langen Dach, un manchmal de halbe Nacht noch dazu, bis ick dir hab' hier ins Bette jebracht un so lange jestreichelt, det de bist endlich injeschlafen un bist mittags um zwölf, wie die Glocken von alle Kirchen jeläut't haben, an andern Dache erst wieder uffjewacht. Jawoll, so ha ick dir Angst jemacht, wieder Hoffnung jemacht, so ha ick dir keene Ruhe jelassen! Haste det allens verjessen, wat?

Die Piperkarcka. Aber et is doch mein Kind, Mutter John ...

Frau John *schreit.* Denn hol et dir aus'n Landwehrkanale! *Sie springt auf, läuft umher und nimmt bald diesen, bald jenen Gegenstand in die Hand, um ihn sogleich wieder wegzuwerfen.*

Die Piperkarcka. Soll ick mein Kind nich ma sehen dürfen?

Frau John. Spring in't Wasser un such et! denn haste et! Weeß Jott, ick halte dir nu weiter nich.

Die Piperkarcka. Jut! Meejen mich schlachen, meejen mir prügeln, meejen mir schmeißen Wasserflasche an Kopp: eh nich weiß, wo Kind is, eh nich haben mit Augen jesehn, bringen mich keiner und niemand von Stelle fort.

Frau John, *einlenkend.* Pauline, ick ha et in Flege jejeben.

Die Piperkarcka. Lieje! Ick hör' et doch schmatzen, wo et janz jenau hintern Vorhang is! *Das Kind hinter dem Tapetenverschlag beginnt zu schreien. Die Piperkarcka eilt auf den Vorhang zu, dabei nicht ohne falsche Note ein wenig pathetisch weinerlich rufend.* Weine nicht, armes, armes Jungchen, jutes Mutterchen kommen schon! *Frau John, fast von Sinnen, ist vor den Eingang gesprungen, den sie der Piperkarcka verstellt. Die Piperkarcka, ohnmächtig wimmernd, mit geballten Fäusten.* Soll mir jetzt zu mein Kinde reinlassen.

Frau John, *furchtbar verändert.* Sieh mir ma an, Mächen! Mächen, sieh mir ma in't Jesicht! – Jloobst du, det mit eene, die aussieht wie ich ... det mit mir noch zu spaßen is? *Die Piperkarcka hat wimmernd Platz genommen.* Setz dir! flenne! wimmere! bis dir, ick weeß nich wat ... jammere, bis det dir die Jurjel verschwollen is! det, wenn de hier rinwillst – denn bist du tot, oder ick bin tot – un denn is ooch det Jungchen nich mehr am Leben!

Die Piperkarcka *erhebt sich entschlossen.* Denn jeben acht, was jeschehen, Frau John!

Frau John, *wiederum einlenkend.* Pauline, die Sache is zwischen uns richtig un abjemacht. Wat wollen Se sich mit det Kindchen behängen, wo jetzt mein Kindeken und in beste Hände jeborjen is? Wat wollen Se denn mit det Kindeken uffstellen? Jehn Se zu Ihren Breitijam! da sollen Se woll mit den Besseres zu tun haben als Kinderjeschrei, Kindersorjen und Kimmernis.

Die Piperkarcka. Erst recht! Nu jerade! Nu muß er mir heiraten! – Haben alle ... hat Frau Kielbacke, als ick mir mussen haben behandeln lassen, zu mich jesacht. Soll nich nachjeben! Muß mir heiraten. Auch

Standesbeamte gab mich Rat. Hat jesacht, janz wütend, als ick haben erzählt, wohin jekrochen un habe Kind auf Dachboden Welt jebracht … schreit janz wütend: ick muß nich nachlassen. Hat jesacht arme jeschundene Kreatur zu mich, Tasche jejriffen, Taler zwei Jroschen Jeld jeschenkt. Jut! lasse mir weiter nich ein, Frau John. Adje! Bin bloß jekommen, sowieso, daß morjen nachmittag fünf zu Hause sind. Warum? weil morjen einjesetzter Pfleger von Jemeinde nachsehn kommt. Ick werde mir weiter hier noch rumärgern.

Frau John, *starr, entgeistert.* Wat? du hast et jemeld uff't Standesamt?

Die Piperkarcka. Etwa nich? Ick soll woll Jefängnis komm?

Frau John. Wat hast du jemeldet beim Standesbeamten?

Die Piperkarcka. Sonst janischt, als det mit Knaben niederjekommen bin. Ick hab' mir jeschämt, o Jott! bin über un über rot jeworden! Mir is, ick sink' jleich in de Erde rin.

Frau John. So! – Wenn de dir so jeschämt hast, Mächen, warum haste's denn aber anjezeigt?

Die Piperkarcka. Weil mich meine Wirtin und ooch Frau Kielbacke, wo mich hinjeführt hat, mich partout nich Ruhe jejeben.

Frau John. So! – Denn wissen se't also uff't Standesamt?

Die Piperkarcka. Na ja, det müssen se wissen, Frau John.

Frau John. … Aber ha ick dir dat nich einjeschärft …? …

Die Piperkarcka. Det muß man melden! Soll ick denn abjeführt Untersuchung und Plötzensee gesteckt?

Frau John. Ick ha doch jesacht: ick jeh' et anmelden.

Die Piperkarcka. Habe jleich bei Standesbeamte jefracht. Is keene jekommen, hat anjemeld't.

Frau John. Un wat haste nu also anjejeben?

Die Piperkarcka. Daß Aloisius Theophil heißen soll un daß bei Sie, Frau John, in Pflege is.

Frau John. Un morjen will eener nachsehn komm?

Die Piperkarcka. Det is een Herr von de Vormundschaft. Was is denn weiter? Nun sin doch ruhig un sin vernünftig! Haben mich wirklich vorher Schrecken in alle Jlieder jejagt.

Frau John, *abwesend.* Nu freilich: det is nu nich mehr zu ändern. Det is ja nu ooch in Jottes Namen nu jroß weiter nischt.

Die Piperkarcka. Gelt, un kann nu mein Kindchen auch sehn, Frau John?

Frau John. Heute nich! Morjen, morjen, Pauline.

Die Piperkarcka. Warum nich heut?

Frau John. Weil det det Beschreien nich jut dut, Pauline. Also morjen, um Uhre fünfen nachmittag?

Die Piperkarcka. Steht jeschrieben, sagt mir Wirtin, daß Herr von die Stadt Uhren fünfen morjen nachsehn kommt.

Frau John, *indem sie die Piperkarcka hinausschiebt und selbst mit hinausgeht, im Tone der Abwesenheit.* Jut so. Laß er man kommen, Mächen.

Frau John ist einen Augenblick auf den Flur hinausgetreten und kommt ohne die Piperkarcka wieder herein. Sie ist seltsam verändert und geistesabwesend. Sie tut einige hastige Schritte gegen die Verschlagstür, steht jedoch plötzlich wieder still mit einem Gesichtsausdruck vergeblichen Nachsinnens. Dieses Grübeln unterbricht sie, heftig gegen das Fenster zu eilend. Hier wendet sie sich, und wieder erscheint der hilflose Ausdruck schwerer Bewußtlosigkeit. Langsam, wie eine Nachtwandlerin, tritt sie an den Tisch und läßt sich daran nieder, das Kinn in die Hand stützend. Nun erscheint Selma Knobbe in der Tür.

Selma. Mutter schläft, Frau John. Ick ha solchen Hunger. Kann ick'n Happen Brot kriejen? *Frau John erhebt sich mechanisch und schneidet ein Stück von einem Laib Brot, wie unter dem Einfluß einer Suggestion. Selma, der die Verfassung der Frau auffällt.* Ick bin's! – Wat is denn? – Schneiden sich man bloß nich etwa mit Brotmesser.

Frau John, *mit trockenem Röcheln, das sie mehr und mehr überwältigt, indem sie Brot und Brotmesser willenlos auf den Tisch gleiten läßt.* Angst! – Sorje! – Da wißt ihr nischt von! *Sie zittert und sucht einen Halt, um nicht umzusinken.*

Dritter Akt

Alles wie im ersten Akt. Die Lampe brennt. Auf dem Gange schwaches Ampellicht.

Direktor Hassenreuter gibt seinen drei Schülern, Spitta, Dr. Kegel und Käferstein, dramatischen Unterricht. Er selbst sitzt am Tisch, öffnet fortgesetzt Briefe und schlägt skandierend mit dem Falzbein auf den Tisch. Vorn stehen auf der einen Seite Kegel und Käferstein, auf der anderen Spitta einander als beide Chöre der »Braut von Messina« gegenüber. Ihre Füße befinden sich innerhalb eines Schemas aufgestellt, das mit Kreide auf den Fußboden gezeichnet ist und diesen in die vierundsechzig Felder des Schachbretts einteilt. Auf dem Kontorbock am Stehpult sitzt Walburga, in ein großes Kontobuch eintragend. Im Hintergrund, wartend, steht der Vizewirt oder Hausmeister Quaquaro, ein vierzigjähriger, vierschrötiger Mensch, der Inhaber eines wandernden Zirkus und, als Athlet, Hauptmitglied desselben sein könnte. Seine Sprache ist tenorhaft guttural. Er trägt Schlafschuhe. Die Beinkleider durch einen gestickten Gürtel gehalten. Ein offenes Hemd, nicht unsauber, ein leichtes Jackett und die Mütze in der Hand.

Dr. Kegel *und* **Käferstein**, *mit gewaltiger Pathetik.*

Dich begrüß' ich in Ehrfurcht,
prangende Halle,
dich, meiner Herrscher
fürstliche Wiege,
säulengetragenes herrliches Dach.
Tief in der Scheide ...

Direktor Hassenreuter *schreit wütend.* Pause! Punkt! Punkt! Pause! Punkt! Sie drehen doch keinen Leierkasten! Der Chor aus der »Braut von Messina« ist doch kein Leierkastenstück! »Dich begrüß' ich in Ehrfurcht« noch mal von Anfang an, meine Herren! »Dich begrüß' ich in Ehrfurcht, prangende Halle!« Etwa so, meine Herren! »Tief in der Scheide ruhe das Schwert.« Punktum! »Herrliches Dach«, wollt' ich sagen: Punktum! Meinethalben fahren Sie fort.

Dr. Kegel *und* **Käferstein.**

Tief in der Scheide
ruhe das Schwert,
vor den Toren gefesselt
liege des Streits schlangenhaarigtes Scheusal.
Denn ...

Direktor Hassenreuter, *wie vorher.* Halt! Wissen Sie nicht, was ein Punkt bedeutet, meine Herren? Haben Sie denn keine Elementarkenntnisse? »Schlangenhaarigtes Scheusal.« Punkt! Denken Sie sich einen Pfahl eingerammt: halt! Punkt! Alles ist totenstille! als wenn Sie gar nicht mehr in der Welt wären, Käferstein! Und dann raus mit der Posaunenstimme aus der Brust! Halt! Um Gottes willen nicht lispeln! – »Denn ...« weiter! los!

Dr. Kegel *und* **Käferstein.**

Denn des gastlichen Hauses
unverletzliche Schwelle
hütet der Eid, der Erinnyen Sohn ...

Direktor Hassenreuter *springt auf, brüllt, läuft umher.* Eid, Eid, Eid, Eid!! Halt! Wissen Sie nicht, was ein Eid ist, Käferstein? »Hütet der Eid!! – der Erinnyen Sohn.« Der Eid ist der Erinnyen Sohn, Dr. Kegel! Stimme heben! Tot! Das Publikum, bis zum letzten Logenschließer, ist eine einzige Gänsehaut! Schauer durchrieselt alle Gebeine! Passen Sie auf: »Denn des Hauses Schwelle hütet der Eid!!! – der Erinnyen Sohn, der furchtbarste unter den Göttern der Hölle!« – – Nicht wiederholen, weiter im Text! Sie können sich aber jedenfalls merken, daß ein Eid und ein Münchner Bierrettich zwei verschiedene Dinge sind.

Spitta, *deklamiert.*

Zürnend ergrimmt mir das Herz im Busen ...

Direktor Hassenreuter. Halt! *Er läuft zu Spitta und biegt an seinen Armen und Beinen herum, um eine gewünschte tragische Pose zu erzielen.* Erstlich fehlt die statuarische Haltung, mein lieber Spitta. Die Würde einer tragischen Person ist bei Ihnen auf keine Weise ausgedrückt. Dann sind Sie nicht, wie ich ausdrücklich verlangt habe, von Feld I D mit dem rechten Fuß auf II C getreten! Endlich wartet Herr Quaquaro: unterbrechen wir einen Augenblick! *Er wendet sich an Quaquaro.* So, jetzt steh' ich zu Diensten, Herr Vizewirt! das heißt, ich habe Sie bitten lassen, weil mir leider, wie sich bei der Inventur herausstellt, mehrere Kisten mit Kostümen abhanden gekommen, mit andern Worten: gestohlen sind. Bevor ich nun meine Anzeige mache, wozu ich natürlich entschlossen bin, wollte ich erst mal Ihren Rat hören. Um so mehr, da sich auch sonst noch etwas, wie soll ich sagen, eine sonderbare Bescherung statt der verlornen Kleiderkisten in einem Winkel des Bodens angefunden hat: ein Fund, um Virchow zu benachrichtigen. Erstlich ein blaukariertes Plumeau, wahrhaft prähistorisch, und eine unaussprechliche Scherbe, deren Bestimmung im ganzen harmlos, aber ebenfalls unaussprechlich ist.

Quaquaro. Herr Direkter, ick kann ja ma oben steigen.

Direktor Hassenreuter. Tun Sie das. Sie finden oben Frau John, die durch den Fund eigentlich noch mehr wie ich selbst beunruhigt ist. Diese drei Herren, die meine Schüler sind, lassen es sich partout nicht ausreden, daß da oben etwas wie eine Mordgeschichte vorgefallen ist. Aber bitte: wir wollen keinen Skandal schlagen.

Käferstein. Wenn bei meiner Mutter in Schneidemühl im Laden irgend etwas abhanden kam, hieß es immer, das hätten die Ratten gefressen. Und wirklich, was man in diesem Hause von Ratten und Mäusen sieht – auf der Treppe hätt' ich beinahe eine totgetreten! – warum sollten Kisten und Theatergarderobe – Seide schmeckt süß – nicht ebenfalls von ihnen vertilgt worden sein?

Direktor Hassenreuter. Geschenkt, geschenkt! Alle weiteren Schnittwarenladen-Phantasien, ha ha ha ha! sind Ihnen geschenkt, bester Käferstein. Es fehlt nur noch, daß Sie uns Ihre Gespenstergeschichten nochmals auftischen, vom Kavalleristen Sorgenfrei, der sich nach Ihrer Behauptung seinerzeit, als das Haus noch Reiterkaserne war, mit Sporen und Schleppsäbel auf meinem Boden erhangen hat. Und daß Sie den noch in Verdacht nehmen.

Käferstein. Sie können den Nagel noch sehn, Herr Direktor.

Quaquaro. Det wird in janzen Hause rumerzählt von den Soldat, namens Sorjenfrei, der sich irgendwo hier oben in Dachstuhl mit 'ne Schlinge jeendigt hat.

Käferstein. Die Tischlersfrau auf dem Hof und eine Mäntelnäherin aus dem zweiten Stock haben ihn wiederholt bei hellichtem Tage aus dem Dachfenster nicken und militärisch stramm heruntergrüßen sehn.

Quaquaro. Een Unteroffizier hat dem Soldaten Sorjenfrei ja woll eene Dunstkiepe jenannt und 'n aus Fez eene rinjelangt. Det hat sich der Dämlack zu Herzen jenomm.

Direktor Hassenreuter. Ha ha ha! Militärmißhandlungen und Geistergeschichten! Diese Verquickung ist originell, aber zur Sache gehört sie nicht. Ich nehme an, der Diebstahl, oder was sonst in Frage kommt, ist während jener elf oder zwölf Tage vor sich gegangen, als ich in Geschäften im Elsaß gewesen bin. Also sehen Sie sich die Geschichte mal an, und bitte, Sie werden mir nachher Bescheid sagen! *Der Direktor wendet sich seinen Schülern zu. Quaquaro steigt über die Bodentreppe und verschwindet in der Bodenluke.* All right, bester Spitta: schießen Sie los.

Spitta *rezitiert nur sinngemäß und ohne Pathos.*

> Zürnend ergrimmt mir das Herz im Busen,
> zu dem Kampf ist die Faust geballt,
> denn ich sehe das Haupt der Medusen,
> meines Feindes verhaßte Gestalt.
> Kaum gebiet' ich dem kochenden Blute.
> Gönn' ich ihm die Ehre des Worts?
> Oder gehorch' ich dem zürnenden Mute?
> Aber mich schreckt die Eumenide,
> die Beschirmerin dieses Orts,
> und der waltende Gottesfriede.

Direktor Hassenreuter *hat sich niedergelassen und lauscht, den Kopf in die Hand gestützt, voll Ergebenheit. Erst einige Sekunden, nachdem Spitta geendet hat, blickt er wie zu sich kommend auf.* Sind Sie fertig, Spitta?! – Ich danke sehr! – Sehen Sie, lieber Spitta, ich bin nun Ihnen gegenüber wieder mal in die allerverzwickteste Lage geraten: entweder ich sage Ihnen frech ins Gesicht, daß ich Ihre Vortragsart schön finde – und dann habe ich mich der allerniederträchtigsten Lüge schuldig gemacht – oder ich sage, ich finde sie scheußlich, und dann haben wir wieder den schönsten Krach.

Spitta, *erbleichend.* Ja, alles Gestelzte, alles Rhetorische liegt mir nicht. Deshalb bin ich ja von der Theologie abgesprungen, weil mir der Predigerton zuwider ist.

Direktor Hassenreuter. Da wollen Sie wohl die tragischen Chöre wie der Gerichtsschreiber ein Gerichtsprotokoll oder wie der Kellner die Speisekarte herunterhaspeln?

Spitta. Ich liebe überhaupt den ganzen sonoren Bombast der »Braut von Messina« nicht.

Direktor Hassenreuter. Sagen Sie das noch mal, lieber Spitta.

Spitta. Es ist nicht zu ändern, Herr Direktor: unsre Begriffe von dramatischer Kunst divergieren in mancher Beziehung total.

Direktor Hassenreuter. Mensch, Ihr Gesicht in diesem Augenblick ist ja geradezu ein Monogramm des Größenwahns und der Dreistigkeit. Pardon! aber jetzt sind Sie mein Schüler und nicht mehr mein Hauslehrer! Ich! und Sie!? Sie blutiger Anfänger! Sie und Schiller! Friedrich Schiller! Ich habe Ihnen schon zehnmal gesagt, daß Ihr pueriles bißchen Kunstanschauung nichts weiter als eine Paraphrase des Willens zum Blödsinn ist.

Spitta. Das müßte mir erst bewiesen werden.

Direktor Hassenreuter. Sie beweisen es selbst, wenn Sie den Mund auftun! – Sie leugnen die Kunst des Sprechens, das Organ, und wollen die Kunst des organlosen Quäkens dafür einsetzen! Sie leugnen die Handlung im Drama und behaupten, daß sie ein wertloses Akzidens, eine Sache für Gründlinge ist. Sie negieren die poetische Gerechtigkeit, Schuld und Sühne, die Sie als pöbelhafte Erfindung bezeichnen: eine Tatsache, wodurch die sittliche Weltordnung durch Euer Hochwohlgeboren gelehrten und verkehrten Verstand aufgehoben ist. Von den Höhen der Menschheit wissen Sie nichts. Sie haben neulich behauptet, daß unter Umständen ein Barbier oder eine Reinmachefrau aus der Mulackstraße ebensogut ein Objekt der Tragödie sein könnte als Lady Macbeth und König Lear.

Spitta, *bleich, putzt seine Brille.* Vor der Kunst wie vor dem Gesetz sind alle Menschen gleich, Herr Direktor.

Direktor Hassenreuter. So? Ach!? Wo haben Sie diesen hübschen Gemeinplatz her?

Spitta, *unbeirrt.* Dieser Satz ist mir zur zweiten Natur geworden. Ich befinde mich dabei vielleicht mit Schiller und Gustav Freytag, aber keinesfalls mit Lessing und Diderot im Gegensatz. Ich habe die letzten zwei Semester mit dem Studium dieser wahrhaft großen Dramaturgen zugebracht, und der gestelzte französische Pseudoklassizismus bleibt mir durch sie endgültig totgeschlagen, sowohl in der Dichtkunst als in den grenzenlos läppischen späteren Goetheschen Schauspielervorschriften, die durch und durch mumifizierter Unsinn sind.

Direktor Hassenreuter. So!

Spitta. Und wenn sich das deutsche Theater erholen will, so muß es auf den jungen Schiller, den jungen Goethe des »Götz« und immer wieder auf Gotthold Ephraim Lessing zurückgreifen: dort stehen Sätze, die der Fülle der Kunst und dem Reichtum des Lebens angepaßt, die der Natur gewachsen sind.

Direktor Hassenreuter. Walburga! Ich glaube, Herr Spitta verwechselt mich. Herr Spitta, Sie wollen Privatstunden halten. Bitte, zieh dich doch mit Herrn Spitta zur Privatstunde in die Bibliothek zurück! – Wenn die menschliche Arroganz und besonders die der jungen Leute kristallisiert werden könnte, die Menschheit würde darunter wie eine Ameise unter den Granitmassen eines Urgebirges begraben sein.

Spitta. Ich würde dadurch aber nicht widerlegt werden.

Direktor Hassenreuter. Mensch! Ich habe nicht nur zwei Semester Königliche Bibliothek hinter mir, sondern ich bin ein ergrauter Praktiker, und ich sage Ihnen, daß der Goethesche Schauspielerkatechismus A und O meiner künstlerischen Überzeugung ist. Paßt Ihnen das nicht, so suchen Sie sich einen anderen Lehrmeister.

Spitta, *unbeirrt.* Goethe setzte sich mit seinen senilen Schauspielerregeln, meiner Ansicht nach, zu sich selbst und zu seiner eigenen Natur in kleinlichsten Gegensatz. Und was soll man sagen, wenn er dekretiert: jede spielende Person, gleichviel welchen Charakter sie darstellen soll – wörtlich! –, müsse etwas Menschenfresserartiges in der Physiognomie zeigen – wörtlich! –, wodurch man sogleich an ein hohes Trauerspiel erinnert werde.

Käferstein und Kegel versuchen Menschenfresserphysiognomien.

Direktor Hassenreuter. Ziehen Sie doch das Notizbuch, mein guter Spitta, und schreiben Sie, bitte, hinein, daß Direktor Hassenreuter ein Esel ist! Schiller ein Esel! Goethe ein Esel! natürlich auch Aristoteles – *er fängt plötzlich wie toll zu lachen an* – und, ha ha ha! ein gewisser Spitta ein Nachtwächter!

Spitta. Es freut mich, Herr Direktor, daß Sie doch wenigstens wieder bei guter Laune sind.

Direktor Hassenreuter. Nein, Teufel, ich bin bei sehr schlechter Laune! Sie sind ein Symptom. Also nehmen Sie sich nicht etwa wichtig! – Sie sind eine Ratte! aber diese Ratten fangen auf dem Gebiete der Politik – Rattenplage! – unser herrliches neues geeinigtes Deutsches Reich zu unterminieren an. Sie betrügen uns um den Lohn unserer Mühe! und im Garten der deutschen Kunst – Rattenplage! – fressen sie die Wurzeln des Baumes des Idealismus ab: sie wollen die Krone durchaus in den Dreck reißen. – In den Staub, in den Staub, in den Staub mit euch!

Käferstein und Dr. Kegel wollen ernst bleiben, brechen indessen bald in lautes Gelächter aus, in das der Direktor hineingerissen wird. Walburga macht große Augen. Spitta behält seinen Ernst.

Nun steigt Frau John über die Leiter vom Boden herunter, nach einiger Zeit folgt ihr Quaquaro, der Vizewirt.

Direktor Hassenreuter *bemerkt Frau John, weist heftig mit beiden Armen auf sie, wie wenn er eine Entdeckung gemacht hätte.* Da kommt Ihre tragische Muse, Spitta.

Frau John, *die sich unter dem Gelächter des Direktors, Kegels und Käfersteins genähert hat, verdutzt.* Wat ha ick denn an mir, Herr Direkter?

Direktor Hassenreuter. Alles Gute und Schöne, beste Frau John! Danken Sie Gott, wenn Ihr stilles, eingezogenes, friedliches Leben Sie zur tragischen Heldin ungeeignet macht. – Aber sagen Sie, haben Sie etwa Gespenster gesehen?

Frau John, *mit unnatürlicher Blässe.* I, weshalb denn nu det?

Direktor Hassenreuter. Etwa gar wieder den famosen Soldaten Sorgenfrei, der dort oben als Deserteur ins bessere Jenseits seine Militärkarriere beschlossen hat?

Frau John. I, wenn't 'n lebendijer Mensch wär', det kennte sind: vor tote Jeister furcht' ick mir nich.

Direktor Hassenreuter. Na, wie war's, Herr Quaquaro, unter den Bleidächern?

Quaquaro, *der einen schwedischen Reiterstiefel mitbringt.* Ick habe mir allens jut umjesehen un bin zur Ieberzeijung jekomm, det mindestens obdachloses Jesindel oben, durch wat for'n Zujang weeß ick noch nich, jenächtigt hat. Un denn hab' ick det hier in Stiefel jefunden. *Er zieht aus dem Reiterstiefel ein Kinderfläschchen mit Gummipfropfen, halb mit Milch gefüllt.*

Frau John. Det erklärt sich: ick ha oben zu'n Rechten jesehn und ha Adelbertchen bei mich jehat. – Ick bin an die janze Jeschichte unschuldig!

Direktor Hassenreuter. Das Gegenteil hat wohl auch niemand behauptet, Frau John.

Frau John. Wo Adelbertchen zur Welt kam ... wo Adelbertchen jestorben war ... der soll ma komm und soll mir sachen, wat eene richtije Mutter is ... aber nu muß ick fort, Herr Direkter ... Nu kann ick zweeer Tage, ooch drei nich oben komm. Atje! ick muß mich ma bißken mit

Adelbertchen bei meine Schwäjern zeijen uff Sommerfrische. *Sie trottet durch die Flurtür ab.*

Direktor Hassenreuter. Was hat sie da durcheinandergefaselt?

Quaquaro. Schon wo se det erste Kindeken hatte, nu jar nachdem, wie et jestorben is, wa eene Schraube los bei die John. Seit se nu jar det zweete hat, wackeln zweee. Hinjejen, deswejen, rechnen kann se. Die hat manchen juten Jroschen bei scheene Prozente uff Fänder ausjeborcht.

Direktor Hassenreuter. Was soll ich nun als Bestohlener tun?

Quaquaro. Det kommt druff an, wo Verdacht hin is.

Direktor Hassenreuter. In diesem Hause? – Sagen Sie selbst, Herr Quaquaro ...

Quaquaro. Det is ja nu wahr, aber et is nu doch ooch so weit, det nächstens bißken jesäubert wird. De Witwe Knobbe mit ihren Anhang wird rausjeschmissen! Und denn is eene Blase uff Fliejel B, wo Schutzmann Schierke mir hat jesacht, det sich schwere Jungen mangmang befinden: wo de Polizei nächstens ausheben wird.

Direktor Hassenreuter. Irgendwo hier im Hause ist doch ein Gesangverein. Ich höre wenigstens manchmal wirklich hübsche Männerstimmen »Deutschland, Deutschland über alles«, »Wer hat dich, du schöner Wald«, »In einem kühlen Grunde« und dergleichen absingen.

Quaquaro. Det sind se! det sind se! die singen so jut wie de blaue Zwiebel! det sind se, jewiß! Wo man singt, da laß dir jeruhig nieder, heeßt et zwar, aber det wollt' ick keenen raten ... Ick wage mir ooch man bloß mit mein Prinz, wat meine Bulldogge is, mang die feine Jesellschaft rin. Immer anzeijen, anzeijen, Herr Direkter! *Quaquaro geht ab.*

Direktor Hassenreuter. Sein Auge blitzt Kaution. Sein Wort heischt Preußisch-Kurant. Seine Faust bedeutet Kündigung. Wer um Ultimo nicht von ihm träumt, kann von Glück sagen. Wer von ihm träumt, der brüllt nach Hilfe. Ein scheußlicher, schmalziger Kerl! aber ohne ihn bekämen die Pächter dieser Staatsbaracke die Miete nicht, und der Militärfiskus könnte die Pacht in den Rauchfang schreiben. *Die Türschelle geht.* Das ist Fräulein Alice Rütterbusch! die junge Naive, die ich leider bei dem Hangen und Bangen auf die Entscheidung der Straßburger Stadtväter mir noch immer kontraktlich nicht sichern kann. Nach meiner Ernennung, zu der Gott mir helfe, wird ihr Engagement meine erste direktoriale Handlung sein. – Walburga und Spitta, marsch auf den Oberboden! Zählt die sechs Kisten durch, wo der Vermerk »Journalisten« steht, daß wir im geeigneten Augenblick mit der Inventur fertig sind. *Zu Käferstein und Dr. Kegel.* Sie mögen derweil in die Bibliothek treten. *Er geht, um die Flurtür zu öffnen. Walburga und Spitta verschwinden eilig und sehr bereitwillig auf den Oberboden. Käferstein und Kegel gehen in die Bibliothek. Direktor Hassenreuter im Hintergrund.* Bitte, kommen Sie nur herein, meine Gnädige! Pardon! Bitte sehr um Pardon, mein Herr! Ich erwartete eine Dame ... ich erwartete eine junge Dame ... Aber bitte, treten Sie doch herein.

Der Direktor kommt mit Pastor Spitta wieder nach vorn. Pastor Spitta, sechzig Jahre alt, ist ein etwas verbauerter kleiner Landpfarrer. Man könnte ihn ebensogut für einen Feldmesser oder kleinen Gutsbesitzer nehmen. Er ist von kräftiger Erscheinung, kurznackig, wohlgenährt und hat ein etwas zusammengequetschtes, breites Luthergesicht. Er trägt Schlapphut, Brille, Stock, einen Lodenmantel überm Arm; ungeschlachte Stiefel und die Verfassung seiner übrigen Kleidung zeigen, daß sie an Wetter und Wind schon seit lange gewöhnt sind.

Pastor Spitta. Wissen Sie, wer ich bin, Herr Direktor?

Direktor Hassenreuter. Nicht durchaus bestimmt, aber ...

Pastor Spitta. Wagen Sie's nur daraufhin, Herr Direktor: nennen Sie mich bis auf weiteres Pastor Spitta aus Schwoiz in der Uckermark, dessen Sohn Erich Spitta, jawohl, in Ihrer Familie als Hauslehrer oder so ähnlich tätig gewesen ist. Erich Spitta: das ist mein Sohn. Das sag' ich mit schwerer Bekümmernis.

Direktor Hassenreuter. Zunächst freue ich mich, Sie begrüßen zu können. Ich möchte Sie aber im gleichen Atem bitten, Herr Pastor, des bewußten Seitensprunges wegen, den Ihr Sohn Erich sich leistet, nicht allzu bekümmert, nicht allzu besorgt zu sein.

Pastor Spitta. Oh, ich bin sehr besorgt. Ich bin sehr bekümmert! *Er sieht sich mit großem Interesse, auf einem Stuhl sitzend, in dem seltsamen Raume um.* Es ist schwer zu sagen, äußerst schwer begreiflich zu machen, bis zu welchem hohen Grade ich bekümmert bin. Aber verzeihen Sie eine Frage, Verehrtester: ich war im Zeughaus. *Er berührt mit dem Stock einen der Pappenheimschen Kürassiere.* Was sind das für Rüstungen?

Direktor Hassenreuter. Das sind Pappenheimsche Kürassiere.

Pastor Spitta. Ah, ah, ich stellte mir Schiller ganz anders vor! Sich sammelnd. O dieses Berlin! Es verwirrt mich ganz! Sie sehen in mir einen Mann, Herr Direktor, der nicht nur bekümmert, nicht nur durch dieses Sodom Berlin im Innersten aufgewühlt, sondern geradezu durch die Tat seines Sohnes gebrochen ist.

Direktor Hassenreuter. Eine Tat? Welche Tat?

Pastor Spitta. Das fragen Sie noch? Der Sohn eines redlichen Mannes und ... und ... Schauspieler.

Direktor Hassenreuter, *gereckt, mit Haltung.* Mein Herr ich billige den Entschluß Ihres Sohnes nicht. Aber ich selbst, der ich, honny soit qui mal y pense, der Sohn eines redlichen Mannes und selber, will ich hoffen, ein Mann vor Ehre bin, ich, wie ich hier stehe, ich war selbst Schauspieler und habe noch vor kaum sechs Wochen bei einen Lutherfestspiel in Merseburg – ich bin Kulturkämpfer! – nicht nur als Regisseur, sondern auch als Schauspieler meinen Fuß auf die weltbedeutenden Bretter gestellt. In bezug auf bürgerliche Ehre und vom Standpunkt der allgemeinen Ehrenhaftigkeit dürfte also, nach meinen Begriffen wenigstens, der Entschluß Ihres Herrn Sohnes nicht zu beanstanden sein. Aber es ist ein schwerer Beruf, und man muß auch außerdem dazu sehr viel Talent haben. Auch geb' ich zu: für schwache Charaktere ist es ein Beruf, der besonders gefährlich ist. Und schließlich habe ich selbst die ungeheure Mühsal meines Standes so bis auf die Nagelprobe kennengelernt, daß ich jeden davor behüten möchte. Deshalb gebe ich meinen Töchtern Ohrfeigen, sobald auch nur der leiseste Gedanke, zur Bühne zu gehen, sich geltend macht, und eh ich sie an einen Mimen verheiratete, würde ich jeder von ihnen einen Stein um den Hals hängen und sie ertränken im Meer, wo es am tiefsten ist.

Pastor Spitta. Ich wollte niemand zu nahe treten. Ich gebe auch zu, ich habe als schlichter Landpfarrer von alledem keine Vorstellung. Aber denken Sie sich einen Vater an, eben einen solchen armen Landpfarrer, der seine Pfennige mühsam zusammenkratzt, um seinem Sohne das Studium zu ermöglichen. Denken Sie, daß dieser Sohn kurz vor seinem Examen steht und daß Vater und Mutter – ich hab' eine kranke Frau zu Haus! – mit Schmerzen oder mit Sehnsucht, wie Sie wollen, auf den Augenblick warten, jawohl, wo er in irgendeiner Pfarre seiner Bestimmung von der Kanzel die Probepredigt halten wird. Und nun kommt dieser Brief! der Junge ist wahnsinnig.

Die Erregung des Pastors ist nicht gerade gespielt, aber beherrscht. Das Zittern, womit er nach seinem Briefe in die Brusttasche greift und ihn dem Direktor hinhält, ist nicht ganz überzeugend.

Direktor Hassenreuter. Junge Leute suchen. Allzusehr dürfen wir uns nicht wundern, wenn eine Krise im Leben eines jungen Mannes zuweilen nicht zu vermeiden ist.

Pastor Spitta. Nun, diese Krise war zu vermeiden. Sie werden aus diesem Briefe unschwer erkennen, wer verantwortlich für den verderblichen Umschwung in der Seele eines so jungen, braven und immer durchaus gehorsamen Menschen zu machen ist. Ich hätte ihn nie sollen nach Berlin schicken. Jawohl: die sogenannte wissenschaftliche Theologie, die mit allen heidnischen Philosophen liebäugelt und die uns den lieben Herrgott in Rauch, den Herrn und Heiland in Luft verwandeln will, die mache ich für den schweren Fehltritt meines Kindes verantwortlich. Und nun kommen dazu die anderen Verführungen: Herr Direktor, ich habe Dinge gesehen, wovon zu sprechen mir ganz unmöglich ist! Hier habe ich Zettel in allen Taschen: Elite-Ball! Fesche Damenbedienung! und so fort. Ich gehe halb ein Uhr nachts ganz ruhig durch die Passage zwischen Linden und Friedrichstraße, schmeißt sich ein scheußlicher Kerl an mich an, halbwüchsig, und fragt mit einer schmierigen, scheuen Dreistigkeit: ob der Herr vielleicht etwas Pikantes will? Und nun diese Schaufenster, wo neben den Bildern der hohen und allerhöchsten Herrschaften nackte Schauspielerinnen, Tänzerinnen, kurz die anstößigsten Nuditäten zu sehen sind! Und dann dieser Korso, dieser Korso! wo die geschminkte, aufgedonnerte Sünde die Bürgersfrau vom Bürgersteig auf die Straße drängt! Das ist einfach Weltuntergang, Herr Direktor!

Direktor Hassenreuter. Ach, Herr Pastor, die Welt! die geht nicht unter! nicht wegen der Nuditäten und ebensowenig der heimlichen Sünde wegen, die nachts durch die Straßen schleicht. Sie wird mich und wahrscheinlich das ganze skurrile Menschheitsintermezzo noch überleben.

Pastor Spitta. Was diese jungen Leute vom rechten Wege ablenkt, ist das böse Beispiel, ist die Gelegenheit.

Direktor Hassenreuter. Mit Erlaubnis, Herr Pastor: ich habe eigentlich eine Neigung zum Leichtsinn in Ihrem Sohne niemals bemerkt. Er hat einen Zug zur Literatur, und er ist nicht der erste Pastorensohn – Lessing, Herder et cetera –, der in den Weg der Literatur und Poeterei eingebogen ist. Möglicherweise hat er schon Stücke im Schubfach liegen. Allerdings muß ich sagen: die Ansichten, die Ihr Herr Sohn auch auf dem Felde der Literatur vertritt, sind selbst für mich mitunter beängstigend.

Pastor Spitta. Das ist ja furchtbar! das ist ja entsetzlich! und geht über meine schlimmsten Befürchtungen weit hinaus. Und so sind mir die Augen denn aufgegangen. – Mein Herr, ich habe acht Kinder gehabt, von denen Erich unsre schönste Hoffnung, seine nächstälteste Schwester unsre schwerste Prüfung von Gott bedeutete und die nun, dem Anschein nach, beide von der gleichen verruchten Stadt als Opfer gefordert worden sind. Das Mädchen war früh entwickelt, war schön! – doch ... Jetzt muß ich zu etwas anderem kommen. – Ich bin seit drei Tagen in Berlin und habe Erich noch nicht gesehen. Als ich ihn heute aufsuchen wollte, war er in seiner Wohnung nicht anwesend. Ich habe eine Weile gewartet und mich natürlich dabei in seiner Behausung umgesehen. Nun: betrachten Sie dieses Bild, Herr Direktor! *Er hat eine kleine Photographie, indem er Erichs Brief zurücklegt, aus der Brieftasche genommen und hält sie dem Direktor unter die Augen.*

Direktor Hassenreuter *nimmt und betrachtet das Bild, bald wie ein Kurzsichtiger, bald wie ein Weitsichtiger, stutzt.* Wieso?

Pastor Spitta. An dem albernen Lärvchen liegt weiter nichts. Aber lesen Sie bitte die Unterschrift.

Direktor Hassenreuter Wo?

Pastor Spitta *liest.* »Ihrem einzigen Liebsten, seine Walburga.«

Direktor Hassenreuter. Erlauben Sie mal! – Was heißt das, Herr Pastor?

Pastor Spitta. Irgendein Nähmädchen, heißt das! Wenn nicht gar irgendeine obskure Kellnerin!

Direktor Hassenreuter, *sehr bleich.* Hm. *Steckt das Bild ein.* Ich werde das Bild behalten, Herr Pastor.

Pastor Spitta. In solchem Schmutz wälzt sich dieser Sohn. Und nun denken Sie sich in meine Lage: mit welchen Gefühlen, mit welcher Stirn soll ich künftig vor meiner Gemeinde auf der Kanzel stehn ...?

Direktor Hassenreuter. Donnerwetter, was geht mich das an, Herr Pastor! Was habe ich mit Ihrem Sprengel, mit Ihren verlorenen Söhnen und Töchtern und dergleichen zu tun? *Er zieht wieder die Photographie.* Und übrigens, was dieses kernige, tüchtige Mädchen betrifft, »Kellnerin und dergleichen«, so irren Sie sich! Weiter sage ich nichts! Alles weitere wird sich finden, Herr Pastor. Adieu.

Pastor Spitta. Ich gestehe frei, ich begreife Sie nicht. Wahrscheinlich ist das der Ton, der in Ihren Kreisen der übliche ist. Ich gehe und werde Sie nicht mehr belästigen. Aber ich habe als Vater das Recht vor Gott, Sie, Herr Direktor, zu verpflichten: verweigern Sie künftig – oder ich werde Mittel und Wege zu finden wissen – meinem verblendeten Sohne diesen sogenannten dramatischen Unterricht!

Direktor Hassenreuter. Nicht nur das, Herr Pastor: sondern ich werde ihm ganz direkt den Stuhl vor die Tür setzen. *Er geleitet den Pastor hinaus, schlägt die Tür zu und kommt ohne ihn wieder. Er schleudert die Arme in die Luft.* Hier kann man nur sagen: Neandertaler! *Er stürmt die Bodentreppe hinauf.* Spitta, Walburga, kommt mal herab! *Walburga und Spitta kommen. Direktor Hassenreuter zu Walburga, die ihn fragend ansieht.* Geh auf deinen Kontorbock. Setz dich auf deinen humoristischen Körperteil! – Na, und Sie, lieber Spitta, was wollen Sie noch?

Spitta. Sie hatten gerufen, Herr Direktor.

Direktor Hassenreuter. Gut. Sehen Sie mir ins Angesicht!

Spitta. Bitte. *Er tut es.*

Direktor Hassenreuter. Ihr macht einen dumm! Aber mich sollt ihr nicht dumm machen! Still! – Kein Wort! Ich hätte mich von Ihnen eines anderen versehen als eines so exemplarischen Beweises von Undankbarkeit! – Still! – Im übrigen war ein Herr hier! er fürchtet sich! Vorwärts! Gehen Sie ihm nach! – Begleiten Sie ihn auf die Straße hinunter. Suchen Sie ihm begreiflich zu machen, daß ich nicht euer Schuhputzer bin. *Spitta zuckt die Achseln, nimmt seinen Hut, geht ab. Direktor Hassenreuter schreitet energisch auf Walburga zu und zieht sie am Ohr.* Und du, meine Liebe, du bekommst Ohrfeigen, wenn du mit diesem Schlingel von verkrachtem Theologen noch jemals ohne meine Erlaubnis zwei Worte sprichst.

Walburga. Au, au, Papa.

Direktor Hassenreuter. Dieser Wicht, der mit Vorliebe schafsdumme Gesichter macht, als ob er kein Wässerchen trüben könnte, und dem ich den Zutritt in mein Haus zu eröffnen so unvorsichtig war, ist leider ein Mensch, hinter dessen Maske die unverschämteste Frechheit lauert. Ich und mein Haus, wir dienen dem Geiste der Wohlanständigkeit. Willst du den Schild unserer Ehre beflecken, etwa wie die Schwester von diesem Burschen, die zur Schande ihrer Eltern, wie es scheint, in Gasse und Gosse geendigt ist?

Walburga. Über Erich bin ich nicht deiner Ansicht, Papa.

Direktor Hassenreuter. Was?! Nun, jedenfalls kennst du meine Ansicht! und weißt, einen Appell gegen meine Ansichten gibt es nicht! Du gibst ihm den Laufpaß oder siehst selber zu, wo du außerhalb deines Elternhauses mit deinem ehr- und pflichtvergessenen lockeren Lebenswandel durchkommen wirst! Dann fort mit dir! von solchen Töchtern mag ich nichts wissen!

Walburga, *bleich, finster.* Du sagst ja immer, Papa, du hast dir deinen Weg auch ohne deine Eltern selbständig suchen müssen.

Direktor Hassenreuter. Du bist kein Mann.

Walburga. Gewiß nicht. Aber denke doch mal an Alice Rütterbusch.

Vater und Tochter sehen einander fest in die Augen.

Direktor Hassenreuter. Wieso? – Bist du heiß? was? oder bist du irrsinnig? *Er lenkt ab, merklich aus dem Konzept, und pocht an die Bibliothek. Kegel und Käferstein erscheinen.* Wo blieben wir stehen? Setzen Sie ein.

Kegel, Käferstein *deklamieren.*

> Weisere Fassung
> ziemet dem Alter,
> ich, der Vernünftige, grüße zuerst.

Geführt von Spitta, erscheint die Piperkarcka, straßenmäßig gekleidet, und Frau Kielbacke, die einen Säugling im Steckkissen trägt.

Direktor Hassenreuter. Was wollen Sie? Mit was für Weibsleuten überlaufen Sie mich?

Spitta. Es ist nicht meine Schuld, Herr Direktor, die Frauen wollten zu Ihnen hinein.

Frau Kielbacke. Nee. Wir wollen man bloß Frau Mauerpolier John sprechen.

Die Piperkarcka. Ist doch immer bei Sie hier oben Frau John?!

Direktor Hassenreuter. Ja! Aber ich fange an zu bedauern, daß das so ist, und wünschte jedenfalls, daß sie ihre privaten Empfänge nicht hier bei mir, sondern unten bei sich erledigt. Sonst richte ich nächstens vor der Tür Selbstschüsse oder Fußangeln ein. – Wo fehlt's Ihnen eigentlich, bester Spitta? Sie müssen jetzt schon die Gnade haben und diese Damen nach unten zurechtweisen.

Die Piperkarcka. Unten in ihre Wohnung war nich zu finden Frau John.

Direktor Hassenreuter. Hier oben bei uns ist sie auch nicht zu finden.

Frau Kielbacke. Det junge Freilein hat nämlich ihr Söhneken bei die Frau Mauerpolier John in Flege jehat.

Direktor Hassenreuter. Freut mich! Ohne Umstände los! Retten Sie mich, Käferstein.

Frau Kielbacke. Nun is'n Herr von de Stadt als wie vormundschaftswejen nachsehn jekomm: wie't steht mit det Kind und det jut versorcht und in Stande is. Und denn is er, denn sind wir bei Frau John mitsamt den Herrn sind wir rinjejang. Denn stand det Kind und 'n Zettel bei, det Frau John hier oben uff Arbeet is.

Direktor Hassenreuter. Wo ist das Kind in Pflege gewesen?

Frau Kielbacke. Bei de Frau Mauerpolier John.

Direktor Hassenreuter, *ungeduldig.* Das ist vollkommen blödsinnig! Das ist unrichtig! – Hätten Sie doch lieber den alten humorvollen Herrn begleitet, dem ich Sie nachgesendet habe, Spitta, statt mir diese Damen hier auf den Hals zu ziehn.

Spitta. Ich suchte den Herrn, aber er war schon verschwunden.

Direktor Hassenreuter. Die Damen scheinen mir nicht zu trauen. Sagen Sie ihnen doch, meine Herren, daß Frau John kein Kind in Pflege hat und daß sie also bezüglich des Namens im Irrtum sind!

Käferstein. Ich soll Ihnen sagen, meine Damen, daß Sie wahrscheinlich bezüglich des Namens im Irrtum sind.

Die Piperkarcka, *heftig, verweint.* Hat Kindchen in Fleje! Hat mein Kindchen in Fleje jehabt. Is Herr von die Stadt jekommen, hat jesacht, daß Kindchen in schlechte Hände, verwahrlost is. Hat mich mein Kindeken zujrunde jerichtet.

Direktor Hassenreuter. Sie müssen unbedingt, meine Damen, bezüglich des Namens der Frau, von der Sie reden, im Irrtum sein. Frau Maurerpolier John hat kein Kind in Pflege.

Die Piperkarcka. Hat mein Kindchen in Klauen jehabt, hat verhungern lassen, zujrunde jerichtet! Will sehn Frau John. Will auf Kopf draufsagen! Soll mich jesund machen kleinet Kind! Muß vor Jericht! Herr hat jesacht, müssen jehn an Jerichtstelle anzeijen.

Direktor Hassenreuter. Ich bitte Sie, sich nicht aufzuregen. Tatsache ist: Sie irren sich! Wie kommen Sie nur auf den Gedanken, meine Damen, daß Frau John ein Kindchen in Pflege hat?

Die Piperkarcka. Weil ick ihr selbst überjeben habe.

Direktor Hassenreuter. Frau John hat aber doch ihr eigenes Kind, mit dem sie, wie mir jetzt einfällt, auf Besuch zu der Schwester ihres Gatten zu gehen beabsichtigte.

Die Piperkarcka. Hat kein Kind. Janz und jar nich, Frau John. Ick jeh' unten auf Polizeibüro. Hat jelogen, betrogen. Hat kein Kind. Hat mich mein Aloischen zujrunde jerichtet.

Direktor Hassenreuter. Bei Gott, meine Damen, Sie irren sich.

Die Piperkarcka. Glaubt mich kein Mensch, daß ich Kindchen jehabt habe. Hat mich mein Bräutijam Brief jeschrieben, daß nich wahr is, daß schlechtes, verlogenes Frauenzimmer bin. *Sie berührt das Tragbettchen.* Is mein! will nachweisen vor Jericht! Will schwören bei heilige Mutter Jottes.

Direktor Hassenreuter. Decken Sie doch mal auf, das Kind. *Es geschieht. Direktor Hassenreuter betrachtet den Säugling aufmerksam.* Hm! Die Sache wird sich bald aufklären, sicherlich! – Erstens ... ich kenne Frau John! – hätte Frau John diesen Säugling in Pflege gehabt, er könnte ganz unmöglich so aussehn! ganz einfach, weil Frau John, soweit Kinder in Frage kommen, das Herz auf dem rechten Flecke hat.

Die Piperkarcka. Will sprechen Frau John. Weiter sagen nichts. Brauche mir nicht vor alle Welt aufdecken. Alles will haarklein vor Jericht will aussagen, Tag, Stunde, auch janz jenau Ort, wo jeboren is! Jlauben mir: sollten wohl Augen aufreißen.

Direktor Hassenreuter. Sie meinen also, mein Fräulein, wenn ich Sie recht verstehe, die Frau John besitze kein eigenes Kind, und das, was dafür gegolten hat, wäre das Ihre.

Die Piperkarcka. Schlag' Blitz mich nieder, wenn nich so is.

Direktor Hassenreuter. Und dies hier sei eben das strittige Kind? Gott möge Sie diesmal nicht beim Wort nehmen! – Nämlich, wie Sie mich sehen, ich bin der Direktor Hassenreuter, und ich habe persönlich das Kind meiner Aufwartefrau, der Frau John, drei- oder viermal in Händen gehabt. Ich hab' es sogar auf der Waage gewogen. Es wiegt über acht Pfund. Dieses arme Wurm hier dürfte noch nicht zwei Kilo wiegen. Auf Grund dieses Umstandes versichere ich Ihnen, dies hier ist in der Tat nicht das Kind der Frau John. Es mag richtig sein, daß es das Ihre ist. Ich könnte das schlechterdings nicht bezweifeln. Das Kind der Frau John aber kenne ich und bin sicher, daß es mit diesem durchaus nicht identisch ist.

Frau Kielbacke, *respektvoll.* Nee, nee, det muß wahr sind: et is nich identisch.

Die Piperkarcka. Det Kindken is janz jenug identisch, wenn ooch bißchen schlecht jenährt und schwächlich is. Det is janz richtig hier mit det Kind! Will Eid schwören, daß richtig identisch is.

Direktor Hassenreuter. Ich bin sprachlos. *Zu den Schülern.* Unser Unterricht steht heute unter einem feindlichen Stern, werte Jünglinge! Ich weiß nicht wieso, aber der Irrtum der Damen beschäftigt mich. *Zu den Frauen.* Sie werden sich in der Tür geirrt haben.

Frau Kielbacke. Ick ha selbst mit det Freilein und mit den Herrn von die Vormundschaft det Kindeken aus die Stube mit Schild »Frau Mauerpolier John« uff'n Hausflur jeholt. Frau John war nich da, und Mauerpolier John ist in Altona abwesend.

Schutzmann Schierke kommt, behäbig und gemütlich.

Direktor Hassenreuter. Ah, da ist ja Herr Schierke! Was wünschen Sie denn?

Schierke. Herr Direkter, ick habe erfahren, det zwee Frauensleute hier oben jeflichtet sind.

Direktor Hassenreuter. Zwei Frauen sind hier. Aber wieso denn geflüchtet?

Frau Kielbacke. Wir sind nich jeflichtet.

Direktor Hassenreuter. Sie fragten nach meiner Aufwärterin.

Schierke. Erlauben Se, det ich se ooch mal wat frache.

Direktor Hassenreuter. Bitte.

Die Piperkarcka. Laß er man frachen. Deswejen kann ruhig sind.

Schierke, *zur Frau Kielbacke.* Wie heißen Sie?

Frau Kielbacke. Ick bin Frau Kielbacke.

Schierke. Woll von det Landeskindererziehungsheim. Wo wohnen Sie?

Frau Kielbacke. In de Linienstraße neun.

Schierke. Ist das Ihr Kind, was Sie bei sich haben?

Frau Kielbacke. Det is Freilein von Piperkarcka ihr Kind.

Schierke, *zur Piperkarcka.* Ihr Name?

Die Piperkarcka. Paula von Piperkarcka aus Skorzenin.

Schierke. Die Frau will behaupten, das wäre Ihr Kind. Wollen Sie das also auch behaupten?

Die Piperkarcka. Herr Schutzmann, ick muß erjebenst um Schutz bitten, weil hier unrechtmäßigerweise verdächtige bin. Is Herr von die Stadt mit mich hier jewesen. Haben mein Kind aus Stube Frau John, wo in Flege jewesen, rausjeholt ...

Schierke, *mit durchbohrendem Blick.* Et kann ooch die Tiere jejenüber bei de Restaurateurswitwe Knobbe jewesen sind. Wer weeß, wat Sie mit det Kindeken vorhaben, wovon Sie abjesandt und bestochen sind, 'n jutes Jewissen haben Se nich. Jenommen un denn hier ruffjeschlichen, weil det die rechtmäßige Mutter, Witwe Knobbe, wo bestohlen is, Treppen und Jänge absucht und weil schräg jejenüber Polizeiwache is.

Die Piperkarcka. Is mich janz jleichgiltig Polizeiwache, bin ...

Direktor Hassenreuter. Sie sind widerlegt, meine beste Person! Wollen Sie denn das gar nicht begreifen? Sie sagen, unsere John hätte kein Kind. Sie sagen, wollen Sie bitte gefälligst aufpassen, Sie hätten Ihr Kind, das angeblich für das von Frau John gegolten habe, aus Frau Johns Zimmer herausgeholt! Nun also: wir alle hier kennen Frau Johns Kind, und das, was Sie da haben, ist ein anderes! Verstanden?! Was Sie behaupten also, kann, nach Adam Riese, unter gar keinen Umständen zutreffend sein! – Übrigens wär' mir's jetzt lieb, Herr Schierke, Sie nehmen die Damen mit sich fort und ich könnte hier meinen Unterricht fortsetzen.

Schierke. Ja, denn kommen wir bloß mang die Knobben mit ihren Anhang rin. Nämlich das Kind ist jestohlen worden.

Die Piperkarcka. Aber nich von mich. Is jeraubt von Frau John.

Schierke. Schon jut! *Unbeirrt zum Direktor.* Und es soll ja, wie't heeßt, von Vaters Seite blaublütig sind. Die Knobbe meent ja, et is'n Komplott von Feinde, weil man ihr die Rente un womeechlich Kadettenerziehung in 'ne jewisse Jejend nich jennen dut. *Es wird mit Fäusten an die Tür geschlagen.* Det is de Knobbe. Da is se schonn.

Direktor Hassenreuter. Herr Schierke, Sie sind mir verantwortlich: dringen die Leute bei mir ein und erleide ich eine Schädigung, so wende ich mich an den Polizeipräsidenten: ich bin mit Herrn Madai gut bekannt. Keine Furcht, liebe Kinder, ihr seid meine Kronzeugen.

Schierke, *an der Tür.* Draußen jeblieben! Hier rin kommen Se nich.

Ein kleiner Janhagel heult auf.

Die Piperkarcka. Soll schreien, was will, bloß mein Kindchen nich nah kommen.

Direktor Hassenreuter. Es ist besser so. Treten Sie einstweilen hier in die Bibliothek hinein. *Er bringt die Piperkarcka, die Kielbacke und das Kind in die Bibliothek.* Und jetzt, Herr Schierke, wollen wir meinethalben diese Megäre da draußen hereinlassen.

Schierke, *der die Tür ein wenig öffnet.* So! Aber bloß de Knobben! Komm Se mal rin.

Frau Sidonie Knobbe erscheint. Sie ist eine hohe, abgezehrte Erscheinung mit stark ramponierter modischer Sommertoilette. Ihr Gesicht trägt die Stigmata der Straße, zeugt aber übrigens nicht von schlechter Abkunft. Ihre Allüren sind merkwürdig damenhaft. Sie redet mit Affektation, ihre Augen deuten auf Alkohol und Morphium.

Frau Knobbe, *indem sie hereingesegelt kommt.* Es ist keine Ursache zur Besorgnis, Herr Direktor. Vorwiegend sind es kleine Jungens und kleine Mädchen, da ich kinderlieb bin, wie Sie wissen, die mit mir gekommen sind. Verzeihen Sie gütigst, wenn ich hier eindringe. Eines der Kinder sagte mir, es hätten sich zwei Frauen mit meinem Söhnchen zu Ihnen heraufgeschlichen. Ich suche mein Söhnchen, genannt Helfgott Gundofried, da es tatsächlich aus meiner Wohnung verschwunden ist. Ich möchte Sie aber nicht inkommodieren.

Schierke. Darum wollt' ick ooch janz jehorsamst bitten, verstehn Se mich.

Frau Knobbe, *diese Worte mit hochmütiger Kopfbewegung übergehend.* Ich habe unten im Hof zu meinem Leidwesen einen gewissen Lärm erregt. Man überblickt von da aus die Fenster, und ich habe mich bei den Leuten erkundigt, bei der armen Zigarrenarbeiterin im zweiten Stock, bei der kleinen schwindsüchtigen Näherin am Fenster im dritten Stock, ob meine Selma mit meinem Söhnchen etwa bei ihnen ist. Es liegt mir fern, Skandal zu erregen. – Sie müssen wissen, Herr Direktor – ich weiß sehr wohl, daß ich hier unter den Augen eines Mannes von Bedeutung, ja eines berühmten Mannes bin! –, Sie müssen wissen, ich bin, was Helfgott Gundofried angeht, gezwungen, auf meiner Hut zu sein! *Mit schwankender Stimme, das Taschentuch zuweilen an die Augen führend.* Ich bin eine arme, vom Schicksal verfolgte Frau, mein Herr, die gesunken ist und die bessere Tage gesehen hat. Aber ich will Sie damit nicht langweilen. Ich werde verfolgt! man will mir die letzte Hoffnung nun auch rauben.

Schierke. Sagen Se kurz, wat Se wünschen. Sputen Se sich.

Frau Knobbe, *wie vorher.* Nicht genug: man hat mich veranlaßt, hat mich gezwungen, meinen ehrlichen Namen abzulegen. Ich habe dann in Paris gelebt und schließlich einen brutalen Menschen geheiratet, den Pächter von einem süddeutschen Schützenhaus, weil ich den blöden Gedanken hatte, in meinen Angelegenheiten dadurch gebessert zu sein. O diese Schurken von Männern, Herr Direktor!!

Schierke. Det fiehrt zu weit. Menagieren Se sich.

Frau Knobbe. Es freut mich, daß ich Gelegenheit finde, endlich mal wieder einem Manne von Bildung und Geist in die Augen zu sehn. Mein Herr, ich könnte Ihnen eine Geschichte vortragen ... im Volksmund heiße ich hier die »Gräfin«, und Gott ist mein Zeuge, in meiner frühen Jugend war ich nicht weit entfernt davon! Eine Zeitlang war ich auch Schauspielerin! Wie sagte ich: eine Geschichte vortragen aus meinem Leben, aus meiner Vergangenheit, die den Vorzug hat, nicht erfunden zu sein.

Schierke. Na, wer weeß ooch.

Frau Knobbe, *mit Emphase.* Mein Elend ist nicht erfunden. Trotzdem es erfunden klingt, wenn ich sage, wie ich eines Nachts im tiefsten Abgrunde meiner Schande einen Vetter, einen Jugendgespielen, der jetzt Garderittmeister ist, nachts auf der Straße traf. Er lebt oberirdisch, ich unterirdisch, seit mich mein adelstolzer Herr Vater verstieß, nachdem ich als junges Ding einen Fall getan hatte. Oh, Sie ahnen nicht, welcher Stumpfsinn, welche Roheit, welche Gemeinheit in meinen Kreisen üblich ist. Ich bin ein zertretener Wurm, Herr Direktor, und doch, dorthin, nach diesem glänzenden Elend, sehne ich mich nicht eine Sekunde zurück.

Schierke. Nun wolln wir jefälligst zur Sache kommen.

Direktor Hassenreuter. Bitte, Herr Schierke, mich interessiert das! unterbrechen Sie zunächst mal die Dame nicht! *Zur Knobbe.* Sie hatten von Ihrem Vetter gesprochen. Sagten Sie nicht, daß er Garderittmeister ist?

Frau Knobbe. Er war in Zivil. Er ist Garderittmeister. Er erkannte mich, und wir feierten schmerzlich selige Stunden alter Erinnerung. In seiner Begleitung befand sich – ich nenne den Namen nicht! – ein blutjunger Leutnant. Kerlchen wie Milch und Blut, aber zart und schwermütig. Herr Direktor, ich habe die Scham verlernt! man hat mich neulich sogar aus einer Kirche herausgewiesen: warum soll eine so zertretene, entehrte, verlassene, mehrmals vorbestrafte Person vor Ihnen nicht offen bekennen, daß er der Vater meines Helfgott Gundofried geworden ist.

Direktor Hassenreuter. Des Kindes, das Ihnen entwendet wurde?

Frau Knobbe. Wie die Leute sagen. Es kann ja sein! ich selbst, obgleich meine Feinde mächtig sind und jedwedes Mittel in der Hand haben, ich bin noch nicht ganz überzeugt davon. Vielleicht ist es aber doch ein Komplott, von den Eltern des Vaters angezettelt, Menschen, die, Sie würden erstaunen, Träger eines der ältesten und berühmtesten Namens und Geschlechtes sind. Adieu! Herr Direktor, was Sie auch von mir hören sollten, denken Sie nicht, mein besseres Fühlen ist in dem Sumpfe total erstickt, in den ich mich stürzen muß. Ich brauche den Sumpf, wo ich gleich und gleich mit dem Abschaum der Menschheit bin. Da, hier! *Sie weist ihren nackten Arm vor.* Vergessen! Betäubung! Ich verschaffe es mir mittels Chloral, mittels Morphium! Ich finde es in den menschlichen Abgründen. Warum nicht? wem bin ich verantwortlich? Einst wurde meine geliebte Mama meinetwegen von meinem Vater heruntergemacht! Die Bonne bekam meinetwegen Krampfanfälle! Mademoiselle und eine englische Miß rissen sich, weil jede behauptete, daß ich sie mehr liebte, in der Wut gegenseitig die Chignons vom Kopf. Jetzt ...

Schierke. ... sage ick Ihnen, jetzt hören Se uff: wir kenn hier Leute nich Freiheit berauben. *Er öffnet die Bibliothekstür.* Jetzt sagen Se, ob det hier Ihr Kindeken is.

Zuerst tritt die Piperkarcka, mit haßerfüllten Augen Frau Knobbe anstarrend, aus der Tür. Die Kielbacke mit dem Kinde folgt. Schierke nimmt das Tuch von dem Kindchen.

Die Piperkarcka. Was wollen von mich? Was kommen mir nachsetzen? Bin ick Zijeuner? Sollen wohl Kinder stehlen in Häuser jehn? Was? Sind nich gescheit! Werden mich schön hüten! Hab' selber für mich und mein Kind kaum Essen jenug! Wer rumjehn, wer fremde Kinder auflesen und jroßfüttern, wo eijnes mir schon jenug Kummer und Ärjer macht.

Frau Knobbe glotzt, sieht sich fragend und hilfesuchend um. Holt dann schnell ein Flakon aus der Tasche und gießt den Inhalt auf ihr Schnupftuch. Das Schnupftuch führt sie dann an Mund und Nase und saugt den Duft des Parfüms, um nicht ohnmächtig zu werden. Hierauf glotzt sie wie vorher.

Direktor Hassenreuter. Ja, warum sprechen Sie nicht, Frau Knobbe? Das Mädchen behauptet, daß sie selbst und nicht Sie, Frau Knobbe, Mutter des kleinen Kindes ist.

Frau Knobbe erhebt den Schirm, um damit zu schlagen. Man fällt ihr in den Arm.

Schierke. Det jibt's nich! Det is hier nich Kindererziehung! Det machen Se, wenn Se unter sich in de Kinderstube alleene sind! – Die Hauptsache bleibt, wen jeheert hier det Kind? – Und nu ... und jetzt ... Frau verwitwete Knobbe, ieberlejen Se sich, det Se hier reenste Wahrheit sachen! So! Is et Ihret? oder'n fremdet Kind?

Frau Knobbe *bricht los.* Ich schwöre bei der heiligen Mutter Gottes, bei Jesus Christus, Vater, Sohn und Heiliger Geist, daß ich Mutter von diesem Kinde bin.

Die Piperkarcka. Und ick schwöre bei heilije Mutter Jottes ...

Direktor Hassenreuter. Halt, Fräulein, retten Sie Ihre Seele! – Es mag meinethalben ein Fall von den allerverwickeltsten Umständen sein! Sie schwören dabei vielleicht vollständig gutgläubig, aber Sie werden mir das gewiß zugeben: jede von Ihnen könnte zwar die Mutter von Zwillingen sein – ein Kind mit zwei Müttern ist nicht zu denken!

Walburga, *die unverwandt und starr, gleich Frau Knobbe, aus der Nähe das Kind betrachtet.* Papa! Papa! So sieh doch mal erst das Kind.

Frau Kielbacke, *weinerlich, entsetzt.* Ja, det Kindeken stirbt schon, jloob' ick, seit ick hier drin im Zimmer jewesen bin.

Schierke. Wat?

Direktor Hassenreuter. Wie? *Er tritt energisch näher und betrachtet einige Zeit ebenfalls das Kind.* Das Kindchen ist tot! Das ist ohne Frage! – Hier ist ohne Zweifel einer gewesen, unsichtbar, der über das unbeteiligte arme kleine Streitobjekt ein wahrhaft salomonisches Urteil gesprochen hat.

Die Piperkarcka *versteht nicht,* Wat jiebt denn?

Schierke. Ruhe! – Komm Sie mit.

Frau Knobbe scheint die Sprache verloren zu haben. Sie steckt ihr Taschentuch in den Mund. Tief in ihrer Brust röchelt es. Schierke, die Kielbacke mit dem toten Kinde, gefolgt von Frau Knobbe und der Piperkarcka, ab. Man hört Gemurmel auf dem Flur.

Der Direktor kommt wieder, nachdem er hinter den Abgehenden die Tür verschlossen hat.

Direktor Hassenreuter. Sic eunt fata hominum. Erfinden Sie so was mal, guter Spitta.

Vierter Akt

Die Wohnung des Maurerpoliers John, wie im zweiten Akt. Es ist früh gegen acht Uhr sonntags.

Maurerpolier John befindet sich unsichtbar hinter dem Verschlage. Man kann aus seinem Planschen und Prusten entnehmen, daß er bei der Morgenwäsche ist. Quaquaro ist eben eingetreten und hat die Klinke der Flurtür in der Hand.

Quaquaro. Sache ma, is deine Frau zu Hause, Paul?

John, *hinterm Verschlag.* Noch nich, Emil. Meine Frau is mit den Jungen bei meine verheirate Schwester in Hangelsberg. Will aber heut morjen noch wiederkomm. *John erscheint, sich abtrocknend, in der Tür des Verschlages.* Scheen juten Morjen, Emil.

Quaquaro. Morjen, Paul.

John. Na, wat jibt et Neies? Ick bin vor 'ne halbe Stunde erst von de Bahn aus Hamburch jekomm.

Quaquaro. Ick sah dir ins Haus jehn un Treppe ruffsteijen.

John, *aufgeräumt.* Na ja, Emil, du bist eben so'n richtijer Zerberus.

Quaquaro. Sache ma, Paul: wie lange is deine Frau mit det Kleene in Hangelsberg?

John. I, det muß so um die acht Dache so rum sind, Emil. Wiste wat von ehr? Miete hat se doch woll richtich abjeführt. Iebrigens kann ick jleich kindigen, Emil. Denn et is nu soweit: wir ziehn an erschten Oktober. Ick ha Muttern nu endlich breitjekricht, det wir aus det olle wacklige Staatsjebäude raus und in 'ne beßre Jejend ziehn.

Quaquaro. Nach Altona wiste nu nich mehr zurick?

John. Nee! bleibe in Lande und nähre dir redlich! Ick jeh' nich mehr auswärts! Nich in die Hand! – Schon erstlich: immer uff Schlafstelle rumdricken! und denn ooch: jinger wird eener nich! De Mächens wolln ooch all nich mehr recht mehr so anbeißen ... Nee nee, et is jut so, det ma det ewije Wanderleben zu Ende is.

Quaquaro. Deine Frau hat et jut anjeschlachen, Paul.

John, *gut gelaunt.* Na, junge Ehe, wo ebent erst Kindchen jekomm is!? Ick ha zum Meester jesacht: ick bin jung verheirat! Denn hat er jefracht, ob meine erschte Frau jestorben is? O konträr! Janz in't Jejenteil, hab' ick jeantwort: die is so lebendig und quietschfidel, die hat sojar noch'n quietschfidelen kleenen Berliner zujekricht! – Wie ick heute morjen, Berlin–Hamburg–Stendal–Uelzen, zum letztenmal uff'n Lehrter Bahnhof mit mein janzes Zeug aus de vierte Klasse jestiegen bin, hab' ick'n lieben Jott, der Deibel hol mir! so alt wie ick bin, mit een Seufzer jedankt. Er wird ihm wohl bei den Lärm uff'n Lehrter nich jeheert haben.

Quaquaro. Haste jeheert, Paul, det drieben de Knobbe ihr Jüngstes ooch wieder mit Dot abjejang is?

John. Nee! Wie soll ick davon wat jeheert haben. Aber wenn et dot is, denn is et doch jut, Emil. Als ick det Wurm vor acht Dache jesehn habe, wo Krämpfe hatte und Selma jekomm is und ick und Mutter haben ihm noch'n Löffel Zuckerwasser injejossen, da war et doch schon reichlich reif for't Himmelreich.

Quaquaro. Sache ma, haste denn von die Umstände jar nich jeheert, wie und wo det Kindchen zu Dode jekomm is?

John. Nee! *Er zieht eine lange Tabakspfeife hinter dem Sofa hervor.* Wart ma! ick brenne mir erst ma 'ne Piepe an. Nee! wo soll ick davon wat jeheert haben.

Quaquaro. Ick verwunder' mir aber doch, det deine Frau dir nischt von jeschrieben hat.

John. I, mit Jette und mit die Knobbekinder is det, seit det mir'n eejnet Kind haben, bei Muttern uff eema wie abjeschnappt.

Quaquaro, *lauernd.* Deine Frau wollte ja doch immer brennend jerne'n Sohn haben.

John. Na, det is ooch! Meenste woll etwa, ick nich? For wat rackert eens denn? For wat schind' ick mir denn? Det is doch wat anders, wenn 'n scheenet rundet Stück Jeld for'n eejnen Sohn oder for Schwesterkinder uffjespart bleiben dut.

Quaquaro. Weeste denn nich, det'n fremdet Mächen jekomm is, Paul, und hat behauptet, det det Kind von de Knobbe jar nich ihr eejnet, sondern det Kind von det fremde Mächen jewesen is?

John. Nanu? De Knobben und Kinder stehlen? Wenn't Mutter wär'! aber de Knobben doch nich. Sach ma, Emil, wat is denn det for 'ne Jeschichte.

Quaquaro. Na, nu, d'r eene sagt so, d'r andre sagt so. De Knobben sagt, det von een Komplott mit Detektivs aus jewisse Kreise det kleene Balch nachjestellt worden is. Un det is nu ja ooch richtig janz festjestellt: et war det Kind von de Knobben jewesen! – Kannst du mich irgendeenen Wink jeben, wo de letzten Dache dein Schwager is?

John. Meenste dem Schlachtermeester in Hangelsberg?

Quaquaro. I nee, durchaus nich wat der Mann von deine Schwester, sondern von deine Frau der Bruder is.

John. Da meenst du Brunon?

Quaquaro. Jewiß doch.

John. Na, noch wat, da kimmere ick mir noch wat eher drum, ob de Hunde noch immer bei Prellsteine jehn. Von Brunon will ick weiter nischt wissen.

Quaquaro. Heer mich ma zu, Paul. Ärjer dir nich. Nämlich uff Polizeistelle is bekannt, det Bruno mit det polnische Mächen, wo uff det Kindeken Anspruch machen wollte, jleich neulich hier vor de Haustür und dann ooch an eene jewisse Stelle von de Uferstraße, wo de Jerber de Felle wegschwimmen, jemeinsam jesichtet is. Nu is det Mächen janz jänzlich verschwunden. Weiter wat Näheres weeß ick nu freilich nich! Bloß, det se von Polizei wejen det Mächen suchen.

John *stellt entschlossen die lange Pfeife weg, die er sich angesteckt hatte.* Ick weeß nich, ick ha keen Justo heut morjen! – Ick weeß nich, wat in mir jefahren hat, ick war so verjnügt wie'n Eckensteher. Uff eemal is mich so kodderig zumut, det ick an liebsten jleich wieder nach Hamburg mechte un jar nischt weiter heeren und sehn! – Wat kommst de denn mir, Emil, mit so 'ne Jeschichten?

Quaquaro. Ick wollte dir man bloß bißken uffklären, wat inzwischen, wo ja du un wohl ja ooch deine Frau auswärts jewesen is, in deine Behausung jeschehn is.

John. In meine Behausung?

Quaquaro. Det is ja! Jawoll! Selma hatte ja, heeßt et, det Knobbesche Jungchen in Kinderwachen hier rieberjeschoben, wo et det fremde Frauenzimmer mit ihre Begleitung aus deine Wohnung jenommen und wechjetragen hat. Oben bei de Kamedienspieler is se ja dann noch jlicklich jestellt worden.

John. Wat is se?

Quaquaro. Und da haben sich ooch de Knobbe un det fremde Mächen ieber det dote Kind bei de Haare jekricht.

John. Wenn ick man wißte, wat mir det soll, Emil, wo doch alle Oochenblicke hier mit Frauenzimmer een Jewürge is. Laß se man kampeln! Mir is det jleichjiltig! Nämlich, Emil, wenn da nich sonst wat dahinter is!?

Quaquaro. Deshalb komm' ick ja, Paul! Et is wat dahinter! Det Mächen hat nämlich mehrmals vor Zeujen ausjesacht: erstlich, det Wurm von de Knobbe, det wär' ihr Kind und det hätt' se ausdricklich bei deine Frau, Paul, in de Fleje jejeben.

John stutzt, lacht befreit. Der pickt et! der is woll ma nich janz unwohl jeworden!

Erich Spitta kommt.

Spitta. Guten Morgen, Herr John.

John. Juten Morjen, Herr Spitta. *Zu Quaquaro, der noch in der geöffneten Tür steht.* 's jut, Emil! Ick wer mir wissen zu richten nach. *Quaquaro ab. John fährt fort.* Nu sehn Se ma so'n Männeken, Herr Spitta! Mit een Fuß steht er in't Jefängnis, mit'n andern is er Liebkind beim Bezirkskommissar uff't Polizeibüro! un denn jeht er bei ehrliche Leute rumschnüffeln.

Spitta. Hat Fräulein Walburga Hassenreuter nach mir gefragt, Herr John?

John. Bis jetzt noch nich. Nee, det ick nich wißte! *Er öffnet die Flurtür.* Selma! – Entschuldjen Se mir ma'n Oochenblick. – Selma! – Ick muß ma det Mächen wat aushorchen.

Selma Knobbe kommt.

Selma, *noch in der Tür.* Wat is?

John. Mach ma de Tier zu, komm ma'n bißken rin! Un nu sach mal, Mächen, wat det hier in de Stube mit dein kleenet verstorbenem Briederchen und mit det fremde Weibsbild jewesen is.

Selma, *die, mit merkbar schlechtem Gewissen, lauernd näher getreten ist, jetzt sehr wortgewandt.* Ick hatte den Kinderwachen hier rieberjeschoben. Ihre Frau war nich da, und da dacht' ick, det hier drieben, wo doch det Briederken sowieso krank war und immer schrie, det hier drieben bei Sie mehr Ruhe is. Nu kam een Herr un kam eene Dame un noch 'ne Frau kam uff eemal hier rin. Und denn ham se det Kindeken hier aus'n Wachen raus, frische Wäsche jewickelt un mit fortjenomm.

John. Und denn hat die Dame jesacht, et wär' ihr Kind und se hätt' et bei Muttern, als wie det meine Olle is, hätt' se's, sagt se, in Fleje jejeben?

Selma *lügt.* I, jar keene Ahnung, da wißt' ick wat von.

John *schlägt auf den Tisch.* Na zum Kreuzdonnerwetter, det wär' ja ooch bleedsinnig!

Spitta. Erlauben Sie mal, das hat sie gesagt: wenn nämlich von dem Vorfall zwischen den beiden Frauen oben bei Direktor Hassenreuter die Rede ist.

John. Det haben Se mit anjesehn, Herr Spitta, wo de Knobben und de andere um det Würmchen jezerjelt hat?

Spitta. Allerdings. Das hab' ich mit angesehn.

Selma. Weiter kann ick nischt sachen, und wenn mir ooch Schutzmann Schierke und meinswejen der lange Polizeileitnam janzem zwee Stunden und länger verhören dut. Ick weeß eben nischt. Ick kann eben nischt sachen.

John. 'n Polizeileitnam hat dir ausjefracht?

Selma *knutscht.* Se wollen doch Maman in Kasten bringen, weil et Leute anjezeicht un jelogen haben, det unser Kindeken vahungert is.

John. Ach! so! – Na, Selma, jeh, laß ma'n Kaffee durchloofen.

Selma begibt sich an den Herd, wo sie den Kaffee für John zubereitet. John selbst geht an den Arbeitstisch, nimmt den Zirkel und zieht dann mit der Schiene einige Linien.

Spitta, *mit Überwindung.* Eigentlich hoffte ich Ihre Frau hier zu treffen, Herr John. Mir hat jemand gesagt, Ihre Frau hätte gegen Sicherheit mitunter kleine Beträge an Studenten geliehen. Ich bin nämlich in Verlegenheit.

John. Det mag sind. Aber det is Mutterns Sache, Herr Spitta.

Spitta. Ganz offen gesagt, wenn ich bis heute abend kein Geld schaffe, werden meine paar Bücher und Habseligkeiten von meiner Zimmerwirtin mit Beschlag belegt, und man setzt mich eigentlich auf die Straße.

John. Ick denke, Ihr Vater ist Paster, Herr Spitta.

Spitta. Das ist er. Aber gerade deshalb, und weil ich selber nicht Pastor werden mag, habe ich gestern abend einen furchtbaren Krach mit meinem Vater gehabt. Ich werde von ihm keinen Pfennig mehr annehmen.

John, *arbeitend.* Det jeschieht Vatern recht, wenn ick verhungern tu' oder'n Hals breche.

Spitta. Ein Mensch wie ich wird nicht verhungern, Herr John. Geh' ich aber zugrunde, so ist mir's auch gleichgültig.

John. Det jloobt eener nich, wat unter euch Studenten for ausjehungerte arme Ludersch sind. Aber keener will wat Reelles anfassen. *Ferner Donner. John blickt durchs Fenster.* Heute wird schwule. Et donnert schon.

Spitta. Von mir dürfen Sie das nicht sagen, Herr John, daß ich etwas Reelles nicht anfassen möchte: Stunden geben! für Geschäfte Adressen schreiben! Ich habe das alles schon durchgemacht und damit, wie mit manchem anderen Versuch, nicht nur Tage, sondern auch Nächte um die Ohren geschlagen. Dabei hab' ich gebüffelt und Bücher gewälzt.

John. Mensch, jeh nach Hamburg und laß dir als Maurer instellen! Wie ick so alt war wie Sie, ha ick in Altona in Akkord schon bis zwelf Mark täglich verdient.

Spitta. Das mag sein. Aber ich bin Geistesarbeiter.

John. Det kennt man.

Spitta. So?! Mir scheint nicht, daß Sie das kennen, Herr John. Vergessen Sie aber bitte nicht: Ihre Herrn Bebel und Liebknecht sind auch Geistesarbeiter.

John. Na jut! Denn komm Se! denn wollen wir man wenigstens frühstücken. Allens sieht sich janz andersch an, wenn det eener'n Happenpappen jefrühstückt hat. Se haben woll noch nich jefrühstückt, Herr Spitta?

Spitta. Nein, offen gestanden, heute noch nicht.

John. Na, denn machen Se man, det Se wat Warmes in Leib kriejen.

Spitta. Das hat Zeit.

John. I nee, Se sehen sehr vakatert aus. Und ick ha ooch die Nacht uff de Bahn jelejen. *Zu Selma, die ein Leinwandsäckchen mit Semmeln hereingeholt hat.* Bring ma schnell noch 'ne Tasse ran. *Er hat breit auf dem Sofa Platz genommen, tunkt Semmel ein und trinkt Kaffee.*

Spitta, *der noch nicht Platz nimmt.* Eine Sommernacht bringt man doch lieber im Freien zu, wenn man im übrigen doch nicht schlafen kann. Und ich habe nicht eine Minute geschlafen.

John. Dem wollt' ick ma sehn, der in Dalles is und jut schlafen kann! Wer in Dalles is, hat ooch in Freien de meeste Jesellschaft. *Er vergißt* *plötzlich zu kauen.* Komm ma her, Selma, sache noch ma janz jenau, wie det mit det fremde Mächen und det fremde Kind, det se hier aus de Stube jeholt hat, jewesen is.

Selma. Ick weeß nich, det frächt mich'n jeder, frächt mir Mama jetzt 'n lieben langen Dach! ob ick Brunon Mechelke jesehn habe! ob ick wissen soll, wer oben uff'n Boden bei de Kamedienspieler Kleider jestohlen hat! Wenn det so fort jeht ...

John, *energisch.* Mächen, wat haste nich Lärm jeschlagen, wie der Herr und det Freilein dir dein Brüderken aus'n Wachen jenommen hat?

Selma. Jeschieht ihm ja nischt, dacht' ick! krist ma reene Wäsche.

John *faßt Selma beim Handgelenk.* Na, nu komm ma mit, wollen ma rieber bei deine Mutter jehn. *John mit Selma an der Hand ab.*

Sobald John verschwunden ist, fällt Spitta über das Frühstück her. Bald darauf erscheint Walburga. Sie ist in großer Eile und sehr aufgeregt.

Walburga. Bist du allein?

Spitta. Augenblicklich ja. Guten Morgen, Walburga.

Walburga. Komm' ich zu spät? Ich habe mich ja nur mit der allergrößten Schlauheit, mit der allergrößten Entschlossenheit, mit der allergrößten Rücksichtslosigkeit, komme was wolle, von Hause losgemacht. Meine jüngere Schwester hat mir die Tür vertreten. Das Dienstmädchen! Ich sagte aber zu Mama, wenn sie mich nicht durch das Entree hinausließen, so möchten sie nur die Fenster vergittern: sonst würde ich drei Stock hoch durchs Fenster direkt auf die Straße gehn. Ich fliege. Ich bin mehr tot wie lebendig. Aber ich bin zum Letzten bereit. Wie war es mit deinem Vater, Erich?

Spitta. Wir sind auseinander. Er meinte, ich würde Treber fressen wie weiland der verlorene Sohn, und ich möchte mir ja nicht einfallen lassen, als Luftspringer oder Kunstreiter, wie er sich auszudrücken beliebt, jemals wieder die Schwelle des Vaterhauses betreten zu wollen. Für Gesindel öffne sich seine Haustür nicht. Ich werd's verwinden! Nur meine arme gute Mutter bedaure ich. – Du kannst dir nicht denken, mit welchem abgrundtiefen Haß ein solcher Mann gegen alles und alles, was mit dem Theater zusammenhängt, geladen ist! Der schrecklichste Fluch ist ihm nicht stark genug. Ein Schauspieler ist in seinen Augen von vornherein der allerverächtlichste, schlechteste Lumpenhund, der sich denken läßt.

Walburga. Ich habe auch nun herausgekriegt, wie Papa dahintergekommen ist.

Spitta. Mein Vater hat ihm dein Bild gegeben.

Walburga. Erich, Erich, wenn du wüßtest, mit welchen schrecklichen, mit welchen grauenvollen Ausdrücken mich Papa in der Wut überschüttet hat, und ich mußte zu allem stillschweigen. Ich hätte ihm etwas sagen können, das hätte ihn vielleicht mit seinen Tiraden von hoher Moral stumm und hilflos vor mir gemacht. Beinahe wollt' ich es auch: doch ich schämte mich so entsetzlich für ihn! Meine Zunge versagte! Ich konnte nicht, Erich! Mama mußte schließlich dazwischentreten. Er hat mich geschlagen. Er hat mich acht oder neun Stunden lang in den finsteren Alkoven eingesperrt, um meinen Trotz zu brechen, wie er sagt, Erich. Nun, das gelingt ihm nicht, Erich! Er bricht ihn nicht.

Spitta *nimmt Walburga in den Arm.* Du Brave! du Tapfere! Siehst du, jetzt weiß ich erst, was ich an dir besitze! weiß ich erst, was für ein Schatz du eigentlich bist. *Heiß.* Und wie schön du aussiehst, Walburga.

Walburga. Nicht! Nicht! – Ich vertraue dir, Erich, weiter ist es doch nichts.

Spitta. Und du sollst dich nicht täuschen, süße Walburga. Sieh mal, ein Mensch wie ich, in dem es gärt und der was Besonderes, Dunkles, Großes will, was er einstweilen noch nicht recht deutlich machen kann, hat mit zwanzig Jahren die ganze Welt gegen sich und ist aller Welt lästig und lächerlich. Aber glaub mir: einst wird das anders werden. In uns liegen die Keime. Der Boden lockert sich schon! Wir sind, wenn auch noch unterirdisch, die künftige Ernte! Wir sind die Zukunft! Die Zeit muß kommen, da wird die ganze weite, schöne Welt unser sein.

Walburga. Sprich weiter, Erich, das ist mir so wohltätig.

Spitta. Walburga, ich habe gestern abend meinem Vater auch von der Leber weg die Anklage des Verbrechens an meiner Schwester ins Gesicht geschleudert. Das hat den Bruch unheilbar gemacht. Er sagte verstockt: von einer Tochter wie der von mir geschilderten wisse er nichts. Sie existiere in seiner Seele nicht, und wie es den Anschein habe, werde auch bald sein Sohn dort nicht mehr existieren. O diese Christen! O diese Diener des guten Hirten, der das verlorene Schaf doppelt zärtlich in seine Arme nahm! O du lieber Heiland, wie sind deine Worte verkehrt, deine ewigen Lehren in ihr Gegenteil umgefälscht worden. Aber als ich heut nacht bei Donnerrollen und Wetterleuchten auf einer Bank im Tiergarten saß und gewisse Berliner Hyänen um mich herumschlichen, da fühlte ich die ruhelose und zertretene Seele meiner Schwester neben mir. Wie oft mag sie selbst im Leben Nächte hindurch obdachlos auf solchen Bänken und vielleicht auf derselben Tiergartenbank gesessen haben, um in ihrer Verlassenheit, Ausgestoßenheit und Entwürdigung darüber nachzudenken, wie triefend von Menschenliebe, triefend von Christentum zweitausend Jahre nach Christi Geburt diese allerchristlichste Welt sich manifestiert. Aber was sie auch dachte, ich denke so: Die arme Dirne, die Sünderin, die vor neunundneunzig Gerechten geht, die von dem Drucke der Sünde der Welt belastet ist, die arme Aussätzige und ihre fürchterliche Anklage soll in meinem Inneren lebendig sein! Und alles Elend, allen Jammer der Gemißhandelten und Entrechteten werfen wir mit in die Flamme hinein! Und so soll die Schwester leben, Walburga, und soll Herrlicheres wirken vor Gott durch das Ethos, das meine Seele beflügelt, als die ganze kalte, herzlos böse Moralpfafferei der Welt nicht vermag.

Walburga. Du warst die Nacht im Tiergarten, Erich? Deshalb sind deine Finger noch so eiskalt, und du siehst so entsetzlich müde aus. Erich, du mußt mein Portemonnaie nehmen! Erich! nein bitte, du mußt! Ich versichere dich! Was mein ist, ist dein! Sonst liebst du mich nicht, Erich! Erich, du darbst! Wenn du meine paar Groschen nicht nimmst, verweigere ich zu Hause jede Nahrung! bei Gott, ich tu's! bis du vernünftig wirst.

Spitta *würgt Tränen hinunter. Muß sich setzen.* Ich bin nur nervös. Ich bin abgespannt.

Walburga *steckt ihr Portemonnaie in seine Hosentasche.* Nun sieh mal, Erich, deshalb habe ich dich eigentlich hier zu Frau John bestellt. Zu allem Unglück bekomme ich gestern noch hier diese gerichtliche Vorladung.

Spitta *betrachtet ein Schriftstück, das sie ihm gereicht hat.* Du? Und weshalb denn das, sag mal, Walburga.

Walburga. Ich bin mir sicher, daß es mit den gestohlenen Sachen auf dem Oberboden zusammenhängt. Aber es macht mich furchtbar unruhig. Wenn Papa das erfährt ... ja, was tu' ich dann?

Frau John, das Kind auf dem Arm, straßenmäßig angezogen, sehr gehetzt, sehr verstaubt, kommt herein.

Frau John, *erschrocken, mißtrauisch, halblaut.* Nu? Wat wollt ihr hier? Is Paul schon zu Hause? Ick war eben ma'n bißken mit det Kindken uff de Jasse jejang'n. *Sie trägt das Kind hinter den Verschlag.*

Walburga. Bitte, Erich, sprich doch mal über meine Vorladung mit Frau John.

Frau John. Paul is ja zu Hause, da liejen ja seine Sachen.

Spitta. Fräulein Hassenreuter wollte Sie gern mal sprechen. Sie hat nämlich, wahrscheinlich wegen der gestohlenen Sachen, Sie wissen ja, auf dem Oberboden, eine gerichtliche Vorladung.

Frau John *tritt aus dem Verschlage.* Wat? Eene Vorladung ham Sie jekricht, Freilein Walburga? Na, denn nehm sich in Obacht! ick spaße nich! un phantasieren Se womeechlich von Schwarzen Mann.

Spitta. Was Sie da sagen, Frau John, ist unverständlich.

Frau John, *zur häuslichen Beschäftigung übergehend.* Habt ihr jeheert, det draußen in eene Laubenkolonie vor't Hallesche Tor der Blitz heute morjen Mann, Frau und 'n Mächen von sieben unter eene hohe Pappel erschlagen hat?

Spitta. Nein, Frau John.

Frau John. Et pladdert schon wieder.

Man hört, wie ein Regenschauer niedergeht.

Walburga, *ängstlich.* Komm, Erich, wir wollen trotzdem ins Freie gehn.

Frau John, *lauter und lauter werdend.* Und wissen Se wat: ick habe die Frau kurz vorher noch jesprochen, wo nachher von Blitze erschlachen is. Die hat jesacht – nu heern Se ma zu, Herr Spitta ... een dotet Kindeken, det man in Kinderwachen legt und raus in die warme Sonne rickt – det muß aber Sommersonne und Mittagssonne sind, Herr Spitta! –, det zieht Atem! det schreit! det is wieder lebendig! – Det jlooben Se nich? wat? det ha ick mit meine Oochen jesehn. *Sie geht in eigentümlicher Weise im Kreise herum, ohne scheinbar mehr etwas von der Gegenwart der beiden jungen Leute zu wissen.*

Walburga. Du, die John ist unheimlich, komm!

Frau John, *noch lauter.* Det jlooben Se nich, det det wieder lebendig is? Denn kann Mutter kommen und nehmen. Denn muß et jleich Brust kriejen.

Spitta. Adieu, Frau John.

Frau John, *noch lauter, bringt, seltsam aufgeregt, die beiden jungen Leute bis zur Tür.* Sie jlooben det nich! Det is aber heilig so, Herr Spitta. *Spitta und Walburga ab.* Frau John hält die Tür in der Hand, ruft noch auf den Flur hinaus. Wer det nich jloobt, der weeß von det janze Jeheimnis, wo ick entdeckt habe, nischt.

Maurerpolier John steht in der Tür und tritt gleich darauf ein.

John. I, da bist du ja, Mutter! Scheen Willkomm! Von wat for'n Jeheimnis sprichst du denn?

Frau John, *wie aufwachend, faßt sich an den Kopf.* Ick? – Ha ick denn von 'n Jeheimnis jesprochen?

John. Na, ick denke doch, wenn ick nich schwerheerig bin. Biste nu'n Jeist oder bist et wirklich?

Frau John, *befremdet, ängstlich.* Woso soll ick'n Jeist sind?

John *schlägt seine Frau gutmütig auf den Rücken.* Jette, beiß mir man nich. Ick freu' mir ja reichlich deswejen, det de nu wieder mit dein Patenjeschenk bei mich bist! *Er geht hinter den Verschlag.* Et sieht aber'n bißken miserich aus, Jette.

Frau John. Et vertrug de Milch nich. Det kommt, weil draußen uff'n Lande de Kühe schon jrienet Futter kriejen. Hier von de Vereinichte Molkerei ha ick wieder welche, wo trocken jefüttert is.

John *erscheint wieder.* Ick sag's ja, was biste erst mit det Kind uff de Bahn und raus aus de Stadt jeturnt! Ick spreche, die Stadt is an allerjesindsten.

Frau John. Nu bleib' ick ooch wieder zu Hause, Paul.

John. In Altona, Jette, is ooch nu allet in't reene jebracht. Jejen Mittag treff ick mit Karln zusamm, und denn will er mir Sachen, wenn ick beim neuen Meester antreten kann! – Hör ma: ick ha ooch wat mitjebracht. *Er schüttelt eine kleine Kinderklapper, die er aus der Hosentasche nimmt.*

Frau John. Wat denn?

John. Det Leben wird in de Kinderstube, weil et doch in Berlin manchma immer'n bißken zu stille is! – Horch ma, wie't kräht! *Man hört das Kindchen allerlei vergnügte Geräusche machen.* Nee, Mutter, wenn so'n Kindeken kräht, dafor jeb' ick Amerika.

Frau John. Haste schonn jemand jesprochen, Paul?

John. Nee! – Ick ha heechstens heut morjen Quaquaron jesprochen.

Frau John, *scheu, gespannt.* Nu? und?

John. I, laß man, jar nischt, et war weiter nischt.

Frau John, *wie vorher.* Wat hat er jesacht?

John. Wat soll er jesacht haben? – Na, wenn de schon keene Ruhe jeben dust – wat soll det nitzen an Sonntagmorjen? –, er hat mir ma wieder nach Brunon jefracht.

Frau John, *hastig, bleich.* Wat soll denn Bruno wieder jemacht haben?

John. Jar nischt! – Hier komm und trink 'n Schluck Kaffee, Jette, und ärjer dir nich! – Wat kannst de dafür, wenn eener so'n sauberet Brüderken hat? – Wat brauchen wir uns um andre bekimmern?

Frau John. Det mecht' ick wissen, wat so 'ne olle dußliche Dromlade, wo'n janzen Tag spionieren dut, immer von Brunon zu quasseln hat.

John. Jette, mit Brunon laß mir in Frieden! – – – Sieh ma ... i wat denn? ... lieber nich! ... Aber wenn ick da wieder wat sollte von sachen: det soll mir nich wundern, wo mit Bruno ma jelejentlich in Jefängnishof, haste nich jesehn! ma'n schnellet Ende is. *Frau John läßt sich am Tisch nieder, wird grau im Gesicht, stützt sich auf beide Ellenbogen und atmet schwer.* Vielleicht ooch nich! nimm et dir man nich jleich so zu Herzen! – – Wat macht denn de Schwester?

Frau John. Ick weeß et nich.

John. Na, ick denke, de bist bei se draußen jewesen.

Frau John *sieht ihn geistesabwesend an.* Wo bin ick jewesen?

John. Siehste woll, Jette, det is mit euch Weiber! de schudderst ja! bein Arzt und bein Doktor wiste nich hinjehn! womeechlich det de noch nachträglich zum Liejen kommst. Det is, wenn eens die Natur vernachlässigt.

Frau John *fällt ihrem Mann um den Hals.* Paul, du wist mir verlassen! Jott im Himmel, Paul, sach et! sach et bloß, tu mir nich hinters Licht fiehren! Sach et! Fiehr mir nich hinters Licht.

John. Wat is mit dich heute los, Hennerjette?

Frau John, *plötzlich verändert.* Hör man nich druff, Paul, wat ick so herschwatze. Ick ha wieder die Nacht keene Ruhe jehat! Und denn war ick früh uff, und denn is et nich anders, als wie det ick'n bißken von Kräfte bin.

John. Denn leg dir man lang und ruh dir'n bißken. *Frau John wirft sich lang auf das Sofa und starrt gegen die Decke.* Kannst dir dann ooch ma'n bißken kämmen, Jette! – – Uff de Bahn war et wohl sehr staubig jewesen, det de so ieber und ieber mit Sand injepulvert bist? – – *Frau John antwortet nicht, sie starrt gegen die Decke.* Ick muß ma det Bengelchen 'n bißken an't Licht holen. *Er begibt sich hinter den Verschlag.*

Frau John. Wie lange sind wir verheirat, Paul?

John. *Die Kinderklapper geht hinterm Verschlag, dann.* Det war achtzehnhundertundzweeundsiebzig, jleich wie ick bin aus'n Kriege jekomm.

Frau John. Nich, denn kamst de zu Vater hin? – und denn hast de in Positur jestanden? – und denn hast de't Eiserne Kreuz an de linke Brust jehat.

John *erscheint, das Kind im Steckkissen auf dem Arme, die Kinderklapper schwingend. Er sagt lustig.* Jawoll! det ha ick ooch heute noch, Mutter! Und wenn de't sehn willst, denn stech' ick's mir an.

Frau John, *noch immer lang ausgestreckt.* Und denn kamst de zu mich, und denn hast de jesacht: ick sollte nich immer so fleißig ... nich immer so hin und her, treppuff, treppab ... ick sollte ma'n bißken pomadich sind.

John. Det sach' ick so jut ooch heute noch, Jette.

Frau John. Und denn haste mir mit dein Schnurrbart jekitzelt und hast mir links hinter't Ohr jeküßt! – Und denn ...

John. Denn sind wir wohl einig jeworden? –

Frau John. Denn ha ick jelacht und ha mir nach und nach, apee apee von oben bis unten in alle Uniformknöppe abjespiejelt. Und da ha ick noch anders ausjesehn! – Und denn haste jesacht …

John. I Mutter, de kannst dir wahrhaftig sehn lassen, det jloobt eener nich, wat du for'n Jedächtnis hast.

Frau John. Und denn haste jesacht: wenn ick nu bald 'n Jungen krieje, der soll ooch ma mit Jott für Keenich und Vaterland und Wacht am Rhein hinter de Fahne her zu Felde ziehn.

John *singt, über das Kindchen, zur Klapper.*

> Er blickt hinauf in Himmels Aun,
> wo Heldenväter niederschaun:
> zum Rhein, zum Rhein, zum deutschen Rhein! …

Nu ha ick so'n Kerlchen, und nu bin ick wahrhaftig jar nich so wilde druff, det ick ihm mechte womeechlich als Kanonenfutter in Krieg schicken. *Er geht mit dem Kindchen in den Verschlag.*

Frau John, *wie vorher.* Paulicken, Paulicken, det allens is hundert Jahre her!

John *kommt, ohne das Kind, wieder aus dem Verschlag.* Janz so lange woll doch nich, Jette.

Frau John. Sach ma, wie wär' det? du nähmst mir mit und jingst mit mich und mein Kindeken jingst du fort nach Amerika?

John. Na, nu heer ma, Jette: wat is mit dich? Wat is det? Bin ick denn hier von Jespenster umjeben? Du weeßt, det ick uff'n Bau, wenn de Arbeeter mit Klamotten iebereinander her sind, ieberhaupt mir nich uffreje und, wat se mir nennen, Paul is immer jemietlich, bin! Aber nu: wat is det? De Sonne scheint! et is hellichter Tag! ick weeß nich: sehen kann ick et nich! Det kichert, det wispert, det kommt jeschlichen! und wenn ick nach jreife, denn is et nischt. Nu will ick ma wissen, wat an die Jeschichte mit det fremde Mächen hier in de Stube Wahret is.

Frau John. Paul, du hast jeheert, det Freilein is ieberhaupt jar nich mehr wiederjekomm. Dadraus kannst de sehn ...

John. Det sachst de zu mich mit blaue Lippen und machst Augen, wie wennste jerädert bist.

Frau John, *verändert.* Jawoll! Wat läßte mir jahrelang alleene, Paul? wo ick in mein Käfije sitzen muß und keen Mensch nich is, mir ma auszusprechen. Manch liebet Mal hab' ick hier jesessen und jefracht, warum det ick immer rackern du', warum det mir abdarbe, Jroschens mühsam zusammenscharre, dein Verdienst jut anleje und wie ick uff jede Art wat zuzuverdien mir abjrübeln du'. Warum denn? Det soll allens for fremde Leite sind? Paul, du hast mir zujrunde jerichtet! *Sie legt den Kopf auf den Tisch und bricht in Schluchzen aus.*

In diesem Augenblick ist, katzenartig leise, Bruno Mechelke eingetreten. Er hat seine Sonntagskluft an, hat Flieder an der Mütze und einen großen Fliederzweig in der Hand. John trommelt ans Fenster und bemerkt ihn nicht.

Frau John *hat Bruno wie eine Geistererscheinung nach und nach ins Auge gefaßt.* Bruno, bist du's?

Bruno, *der blitzschnell den Maurerpolier erkannt hat, leise.* Na jewiß doch, Jette.

Frau John. Wo kommst de denn her? Wat wiste denn?

Bruno. Na, ick habe de Nacht durchjescherbelt, Jette. Det siehste doch, det ick bei jute Laune bin.

John *hat Bruno bis jetzt unverwandt angesehen, wobei eine gefährliche Blässe sein Gesicht überzogen hat. Jetzt geht er langsam zu einem kleinen Schrank und zieht einen alten Kommißrevolver hervor, den er ladet. Dies wird von Frau John nicht beobachtet.* Du! – Hör ma! – Nu will ick dir ma wat sachen! – Wat, wat de vielleicht verjessen hast – det de weiter nu keene Ausrede hast, wenn ick det Dinges hier uff dir abdricke! – Du Lump! Unter Menschen jeheerst du nich! Ick ha dir jesacht, det ick dir niederknalle, det war vorichten Herbst, wo du mich jemals wieder uff meine Schwelle unter de Oochen trittst. – Nu jeh! sonst kracht et! – Hast de verstanden?

Bruno. Vor deine Musspritze furcht' ick mir nich.

Frau John, *die bemerkt, daß John, seiner selbst nicht mächtig, den Revolver langsam gegen Bruno erhebt.* Denn mach mir dot, Paul! Et is mein Bruder! *Sie ist John in den Arm gefallen, so daß sein Revolver gegen sie gerichtet ist.*

John *sieht sie lange an, scheint zu erwachen, wird anderen Sinnes.* Jut! *Er legt den Revolver wieder sorgfältig in das Schränkchen.* Hast ooch recht, Jette! – Pfui Deibel, Jette, det dein Name ooch in de Fresse von so'n Schubiack is! – Jut! – Det Pulver wär' ooch zu schade! – Det Dinges hat Blut von zwee franzeesche Reiter jekost! Zwee Helden! – Nu soll et am Ende Dreck saufen.

Bruno. Det kann immer sind, det Dreck ... in dein Schädel is! Und wenn du nich jerade, det de bei meine Schwester uff Schlafstelle wärscht, denn hätt' ick dir woll ma wat Luft jemacht, Rotzjunge, det de häst vierzehn Dache 't Loofen jekricht.

John *gewaltsam ruhig.* Sach noch ma, Jette, det det dein Bruder is.

Frau John. Paul, jeh man, ick wer ihm schon wieder fortschaffen! Det weeßt de doch, det ick et nu ma doch nich ändern kann, det Bruno von mich der Bruder is.

John. Na, denn bin ick hier iebrig, denn schnäbelt euch man. *Er ist fertig gekleidet und schickt sich zum Gehen an. Dicht bei Bruno steht er still.* Schuft! du hast deinem Vater im Jrabe jeärjert! Deine Schwester hätte dir sollen hinterm Zaune in Jraben verhungern lassen, statt jroßjezogen, und det eene Lumpenkanaille mehr uff de Erde is. In eene halbe Stunde komm' ick zurück! aber nich alleene! Ick komm' mit'n Wachmeester! *John geht durch die Flurtür ab, seinen Kalabreser aufstülpend. Bruno wendet sich, sowie John hinaus ist, und spuckt ihm nach, gegen die Eingangstür.*

Bruno. Wenn ick dir ma in de Wuhlheide hätte.

Frau John. Woso kommste nu, Bruno? Sache, wat is!

Bruno. Pinke mußte mich jeben, sonst jeh' ick verschütt, Jette.

Frau John *verschließt und verriegelt die Flurtür.* Wacht ma, ick schließe die Diere zu! – Nanu, wat is? – Wo kommste her? Wo biste jewesen?

Bruno. Jetanzt ha ick, Jette, de halbe Nacht, und denn wa ick 'n bißken jejen Morjenjrauen in't Jrüne jejang.

Frau John. Hat dir Quaquaro sehn reinkomm, Bruno? Denn nimm dir in Obacht, det de nich in de Falle sitzt.

Bruno. I Jott bewahre. Ick bin iebern Hof, denn bei mein Freind durch'n Knochenkeller und hernach iebern Oberboden rinjekomm.

Frau John. Na? Und wat is nu jewesen, Bruno?

Bruno. Wuddel nich, Jette. Jieb Reisejeld! Ick jeh' verschütt, oder ick muß abtippeln.

Frau John. Und wat haste nu mit det Mächen jemacht?

Bruno. I, et hat Rat jejeben, Jette.

Frau John. Wat heeßt det?

Bruno. Ick ha ihr soweit wenigstens bißken jefiege jemacht.

Frau John. Und det se nich wiederkommt, is nu sicher?

Bruno. Jawoll! Det se nu noch ma kommt, jloob' ick nich! Aber det wa keen leichtet Stick Arbeet, Jette. Du hast mich mit deine verdammte Pillenkrajerei – ick ha Durscht, Jette, jieb mich zu saufen, Jette! ... hast du mir kochend heeß jemacht. *Er trinkt eine Wasserflasche leer.*

Frau John. Se haben dir vor de Diere jesehn mit det Mächen.

Bruno. Ick ha mir mit Artur verabred, Jette. Von mich wollt' se nischt wissen. Denn is Artur in feine Kluft anjetänzelt jekomm und hat ihr ooch richtig verschleppt in Bolljongkeller. Det hat se jejloobt, uff dem Leim is se jekrochen, det ihr Breitjam dort warten tut! *Er trällert und tänzelt krampfhaft.*

> Unser janzet Leben lang
> von det eene Ristorang
> in det andre Ristorang.

Frau John. Na und denn?

Bruno. Denn wollt' se fort, weil Adolf jesacht hat, det ihr Breitjam jejangen is! Denn ha ick wollen ihr noch'n Stickchen bejleiten, Artur und Adolf sind mitjejang. Denn sind wir bei Kalinich in de Hinterstube injefallen, und denn is se ja ooch von den vielen Nippen an Groch und Schnäpse molum jeworn. Und denn hat se in'n Bullenwinkel bei eene jenächtigt, wo Arturn seine Jeliebte is. Den nächsten Dach sind wir immer zwee, drei Jungs hinterher jewesen, nich losjelassen, immer von frischen Quinten jemacht, und in de Schublade is et ja nu ooch lustig zujejang. *Die Kirchenglocken des Sonntagmorgens beginnen zu läuten. Bruno fährt fort.* Aber't Jeld is futsch. Ick brauche Märker und Pfennije, Jette.

Frau John *kramt nach Geld.* Wieviel mußte haben?

Bruno *lauscht den Glocken.* Wat denn?

Frau John. Jeld!

Bruno. Der olle Verkümmler unten in Knochenkeller meent, det ick an liebsten muß ieber de russische Jrenze jehn! – Heer ma, Jette, de Jlocken läuten.

Frau John. Weshalb mußte denn ieber de Jrenze jehn?

Bruno. Nimm ma'n nasses Handtuch, Jette, un du ooch'n bißken Essig druff. Ick weeß nich, wat mich det Nasenbluten janze Nacht schon jeärjert hat. *Er drückt sein Taschentuch an die Nase.*

Frau John *holt ein Handtuch, atmet krampfhaft.* Wer hat dir an Handjelenk so 'ne Striemen jekratzt, Bruno?

Bruno *lauscht den Glocken.* Heute morjen halb viere hätt' se det Jlockenläuten noch heeren jekonnt.

Frau John. O Jesus, mein Heiland, det is ja nich wahr! det kann ja nich menschenmeechlich sein! Det ha ick dir nich jeheeßen, Bruno! Bruno! ick muß mir setzen, Bruno. *Sie tut es.* Det hat ja Vater noch uff'n Sterbebette zu mich vorausjesacht.

Bruno. Mit Brunon is nich zu spaßen, Jette. Wenn de zu Minnan hinjehst, denn sache, det ick ma ooch uff so wat vastehe und det mit Karin und Fritzen det Jehänsel'n Ende hat.

Frau John. Bruno, wenn se dir aber festsetzen.

Bruno. Na jut, denn mache ick Bammelmann, und denn ham se uff Charité wieder ma wat zum Sezieren.

Frau John *gibt ihm Geld.* Det is ja nich wahr! Wat hast du jetan, Bruno?

Bruno. Du bist 'ne oll vadrehte Person, Jette. *Er faßt sie nicht ohne Gemütsanwandlung.* Ihr sagt immer, det ick zu jar nischt nitze bin, aber wenn't jar nich mehr jeht, denn braucht ihr mir, Jette.

Frau John. Na, und wie denn? Haste den Mächen jedroht, det se soll nich mehr blicken lassen? – Det haste jesollt, Bruno. Haste det nich?

Bruno. De halbe Nacht hab' ick mit ihr jetanzt. Nu sind wir uff de Straße jejang. Denn war'n Herr mitjekomm, vastehste! Und wie det ick jesacht habe, det ick von meinswejen mit die Dame 'n Hiehnchen zu pflicken habe und'n Schneiderring aus de Buxen jezogen, hat er natierlich Reißaus jenomm. – Nu ha ick zu ihr jesacht: »Ängsten sich nich, Freilein! wo jutwillig sind und wo keen Lärm schlachen und nie nich mehr bei meine Schwester nachfrachen nach Ihr Kind, soll allet janz jietlich in juten vereinigt sind!« Und denn is se mit mich jejondelt 'n Sticksken.

Frau John. Na und?

Bruno. Na und? – Und da wollte se nich! – Und da fuhr se mit eemal nach meine Jurjel, det ick denke ... wie'n Beller, der toll jeworden is! und hat noch Saft in de Knochen jehat ... det ick jleich denke, det ick soll alle werden! Na, und da ... da war ick nu ooch'n bißken frisch – und denn war et – denn war et halt so jekomm.

Frau John, *in Grauen versunken.* Um welche Zeit war et?

Bruno. So rum zwischen vier und drei. Der Mond hat'n jroßen Hof jehat. Uff'n Zimmerplatz hinter de Planken is een Luder von Hund immer ruffjesprung und anjeschlagen. Denn dreppelte et, und denn is'n Jewitter niederjejang.

Frau John, *verändert, gefaßt.* 's jut! Nu jeh! Die verdient et nich besser.

Bruno. Atje! Na, nu sehn wa uns ville Jahre nich.

Frau John. Wo wiste denn hin?

Bruno. Erst muß ick ma Stunde zweee längelang uff'n Ricken liejen. Ick ooch! Ick jeh' zu Fritzen, wo eene Kammer in't olle Polizeijefängnis jejenieber de Fischerbrücke zu Miete hat. Dort bin ick sicher. Wo Uffstoß is, kannste mich Nachrich zukomm lassen.

Frau John. Wiste det Kindeken noch ma ankieken?

Bruno *zittert.* Nee.

Frau John. Warum nich?

Bruno. Nee, Jette, in diesen Leben nich! Atje, Jette! – Wacht ma, Jette: hier is noch'n Hufeisen! *Er legt ein Hufeisen auf den Tisch.* Det ha ick jefunden! Det bringt Glick! Ick brauche ihm nich.

Bruno Mechelke, katzenartig, wie er gekommen, ab. Frau John blickt mit entsetzt aufgerissenen Augen nach der Stelle, wo er verschwunden ist, wankt dann einige Schritte zurück, preßt die wie zum Gebet verkrampften Hände gegen den Mund und sinkt in sich zusammen, immer mit dem vergeblichen Versuch, Gebetsworte gegen den Himmel zu richten.

Frau John. Ick bin keen Merder! ick bin keen Merder! det wollt' ick nich!

Fünfter Akt

Zimmer bei Johns. Frau John liegt schlafend auf dem Sofa. Walburga und Spitta treten vom Flur her ein. Man vernimmt von der Straße herauf laute Militärmusik.

Spitta. Es ist niemand hier.

Walburga. Frau John! Doch, Erich! Hier liegt ja Frau John.

Spitta, *mit Walburga an das Sofa tretend.* Schläft sie? Wahrhaftig. Das begreife einer, wie man bei diesem Lärm schlafen kann. –

Die Militärmusik ist verklungen.

Walburga. Ach, Erich, pst! diese Frau ist mir grausenvoll. Verstehst du denn übrigens, weshalb unten am Eingang Polizeiposten stehn und weshalb sie uns nicht auf die Straße lassen? Ich hab' eine solche furchtbare Angst, daß man womöglich arretiert wird und mit zur Wache muß.

Spitta. Aber gar keine Idee! Du siehst ja Gespenster, Walburga.

Walburga. Als der Mann in Zivil auf dich zutrat und uns anblickte und du ihn fragtest, wer er sei, und er seine Legitimationsmarke aus der Tasche nahm, wahrhaftig, da fing sich Treppe und Flur auf einmal um mich im Kreise zu drehen an.

Spitta. Sie suchen einen Verbrecher, Walburga. Das ist eben eine sogenannte Razzia, eine Art Kesseltreiben auf Menschen, wie die Kriminalpolizei sie zuweilen veranstalten muß.

Walburga. Und außerdem kannst du mir glauben, Erich, ich habe Papans Stimme gehört, der laut mit jemand geredet hat.

Spitta. Du bist nervös. Du kannst dich getäuscht haben.

Die John spricht im Schlaf.

Walburga *erschrickt.* Horch mal, die John.

Spitta. Große Schweißtropfen stehen ihr auf der Stirn. Komm mal, sieh mal das alte rostige Hufeisen, das sie mit beiden Händen umklammert hat.

Walburga *horcht und erschrickt wieder.* Papa!

Spitta. Ich verstehe dich nicht. Laß ihn doch kommen, Walburga. Die Hauptsache ist, daß man weiß, was man will, und daß man ein reines Gewissen hat. Ich bin bereit. Ich ersehne die Aussprache. *Es wird laut an die Tür geklopft. Spitta, fest.* Herein!

Frau Direktor Hassenreuter erscheint, mehr als sonst außer Atem. Über ihr Gesicht geht ein Ausdruck der Befreiung, als sie ihrer Tochter ansichtig wird.

Frau Direktor Hassenreuter. Gott sei gelobt! Da seid ihr ja, Kinder. *Walburga fliegt zitternd in ihre Arme.* Mädel, wie du deine alte Mutter geängstet hast! –

Längeres Atmen und Stillschweigen.

Walburga. Verzeih, Mama: ich konnte nicht anders.

Frau Direktor Hassenreuter. Nein! Solche Briefe mit solchen Gedanken schreibt man an eine Mutter nicht. Besonders an eine Mutter wie mich nicht, Walburga! Hast du Seelensnöte, so weißt du auch, daß du mich noch immer mit Rat und Tat dir zur Seite hast. Ich bin kein Unmensch und auch früher mal jung gewesen. Aber ins Wasser springen ... ins Wasser springen und so dergleichen, mit solchen Drohungen spielt man nicht. Ich habe doch hoffentlich recht, Herr Spitta. Und nun auf der Stelle ... wie seht ihr denn aus? – auf der Stelle kommt mit mir beide nach Hause mit! – Was hat denn Frau John?

Walburga. Ja, hilf uns! steh uns bei! nimm uns mit, Mama! Ich bin so froh, daß du da bist. Ich hab' plötzlich eine so lähmende Angst gehabt.

Frau Direktor Hassenreuter. Also kommt, das wäre noch schöner, daß man sich von Ihnen, Herr Spitta, und diesem Kinde solcher verzweifelter Torheiten zu gewärtigen hat. Man hat Mut in Ihren Jahren! Man verfällt nicht auf Ausflüchte, wenn alles nicht gleich nach dem Schnürchen geht, bei denen man nur – man lebt ja nur einmal! – zu verlieren und nichts zu gewinnen hat.

Spitta. Oh, ich habe Mut! Ich denke auch nicht daran, etwa als Lebensmüder feige zu endigen! außer wenn mir Walburga verweigert wird. Dann freilich ist mein Entschluß gefaßt! Daß ich vorläufig arm bin und meine Suppe hie und da in der Volksküche essen muß, untergräbt meinen Glauben an mich und eine bessere Zukunft nicht. Auch Walburga ist sicherlich überzeugt, es muß ein Tag kommen, der uns für alle trüben und schweren Stunden entschädigt.

Frau Direktor Hassenreuter. Das Leben ist lang. Und ihr seid heut noch Kinder. Es ist vielleicht nicht so schlimm, wenn ein Student oder Kandidat in der Volksküche essen muß. Für Walburga als Ehefrau wäre das ärger. Und ich möchte doch für euch beide hoffen, daß da erst etwas vorher wie ein eigner Herd mit dem nötigen Holz und der nötigen Kohle und so weiter geschaffen wird. Im übrigen habe ich bei Papa eine Art Waffenstillstand für euch ausgewirkt. Es war nicht leicht und wäre vielleicht unmöglich gewesen, wenn nicht die Morgenpost seine definitive Ernennung und Wahl zum Direktor in Straßburg gebracht hätte.

Walburga, *freudig.* Mama! ach, Mama! das ist ja ein Sonnenblick.

Frau John *hat sich mit einem Ruck emporgerichtet.* Bruno!

Frau Direktor Hassenreuter, *entschuldigend.* Wir haben Sie aufgeweckt, Frau John.

Frau John. Is Bruno wech?

Frau Direktor Hassenreuter. Wer? Welcher Bruno?

Frau John. Na Bruno! Kenn Se denn Brunon nich?

Frau Direktor Hassenreuter. Richtig, so heißt ja Ihr jüngerer Bruder.

Frau John. Ha ick jeschlafen?

Spitta. Fest! Aber Sie haben eben im Schlaf laut aufgeschrien, Frau John.

Frau John. Ham Se jesehn, Herr Spitta, wo Jungs in Hof ... ham Se jesehn, wo Jungs in Hof Adelbertchen sein Jräbken jesteenicht ham? Aber ick war zwischen, wat? und ha rechts und links jar nich schlecht Maulschellen ausjeteilt.

Frau Direktor Hassenreuter. Demnach haben Sie also von Ihrem ersten, verstorbenen Kindchen geträumt, Frau John?

Frau John. Nee nee, det war wahr, ick ha nich jetraumt, Frau Direkter. Und denn jing ick mit Adelbertchen, jing ick bein Standesbeamten hin.

Frau Direktor Hassenreuter. Aber wenn Adelbertchen nicht mehr am Leben ist ... wie können Sie denn ...

Frau John. I, wenn een Kindchen meinswejen jeboren is, denn is et jedennoch noch in de Mutter, und wenn es meinswejen jestorben is, denn is et immer noch in de Mutter. Ham Se den Hund jeheert hintern Plankenzaun? Der Mond hat'n jroßen Hof jehat! Bruno, du jehst uff schlechte Weje.

Frau Direktor Hassenreuter *rüttelt Frau John.* Wachen Sie auf, gute Frau! Frau John! Frau John! Sie sind krank! Ihr Mann soll mit Ihnen zum Arzte gehen.

Frau John. Bruno, du jehst uff schlechte Weje. *Die Glocken beginnen wieder zu läuten.* Sind det de Jlocken? –

Frau Direktor Hassenreuter. Der Gottesdienst ist zu Ende, Frau John.

Frau John *erwacht völlig, starrt um sich.* Warum wach' ick denn uff? Warum habt ihr mir denn in Schlaf nich mit de Axt iebern Kopp jehaut? – – – – – – Wat ha ick jesacht? Pst! Bloß zu niemand een Sterbenswort, Frau Direkter. – *Sie ist aufgesprungen und ordnet ihr Haar mit vielen Haarnadeln.*

Der Direktor erscheint durch die Flurtür.

Direktor Hassenreuter *stutzt beim Anblick der Seinigen.* Sieh da, sieh da, Timotheus, die Kraniche des Ibykus! – Sagten Sie nicht, es wohne hier ganz in der Nähe ein Spediteur, Frau John? *Zu Walburga.* Jawohl, mein Kind: während du in deinem jugendlichen Leichtsinn auf dein Vergnügen und wieder auf dein Vergnügen denkst, ist dein Papa schon wieder drei Stunden lang in Geschäften herumgelaufen. *Zu Spitta.* Sie würden es nicht so eilig haben, junger Mann, eine Familie zu begründen, wenn Sie auch nur die geringste Ahnung davon hätten, wie schwer es ist, es durchzusetzen, von Tag zu Tag mit Weib und Kind wenigstens nicht ohne das elende und verschimmelte bißchen täglichen Brotes dazustehn. Möge das Schicksal jeden davor bewahren, sich eines Tages mittellos in die Subura Berlins geschleudert zu finden, um mit andern Verzweifelten, Brust an Brust, in unterirdischen Löchern und Röhren, um das nackte Leben für sich und die Seinen zu ringen. Gratuliert mir! In acht Tagen sind wir in Straßburg. *Frau Direktor, Walburga und Spitta drücken ihm die Hand.* Alles übrige findet sich.

Frau Direktor Hassenreuter. Papa, du hast wirklich für uns, und zwar ohne dir etwas zu vergeben, die Jahre einen heroischen Kampf gekämpft.

Direktor Hassenreuter. Wie bei Schiffbruch, wenn der Kampf um die Balken im Wasser beginnt. Meine edlen Kostüme, gemacht, um die Träume der Dichter zu veranschaulichen, in welchen Lasterhöhlen, auf welchen schwitzenden Leibern haben sie nicht – odi profanum vulgus –, damit nur der Groschen Leihgebühr im Kasten klang, ihre Nächte zugebracht. Sessa! Wenden wir uns zu heiteren Bildern. Der Rollwagen, alias Thespiskarren, ist schon angeschirrt, um den Transport unsrer Penaten in hoffentlich glücklichere Gefilde zu bewerkstelligen. *Plötzlich zu Spitta.* Und daß ihr beide nicht etwa aus sogenannter Verzweiflung irreparable Dummheiten macht, darauf verlang' ich Ihr Ehrenwort, werter Herr Spitta. Zur Kompensation verspreche ich Ihnen, jeder wirklich vernünftigen Äußerung Ihrerseits gegenüber nicht taub zu sein. – Im übrigen komme ich zu Frau John: erstlich weil Schutzleute in den Eingängen niemanden auf die Straße lassen, ferner, weil ich gerne von Ihnen wissen will, weshalb ein Mann wie ich, gerade in diesem

Augenblick, wo seine Wimpel wieder flattern, Gegenstand einer niederträchtigen Zeitungskampagne geworden ist.

Frau Direktor Hassenreuter. Lieber Harro, Frau John versteht dich nicht.

Direktor Hassenreuter. Dann wollen wir also ab ovo anfangen. Hier habe ich Briefe, – *er zeigt einen Stoß Briefschaften* – eins, zwei, drei, fünf, zirka ein Dutzend Stück! Darin wird mir in boshafter Weise von Unbekannten zu einem Ereignis gratuliert, das angeblich oben auf meinem Magazinboden vor sich gegangen ist. Ich würde die Sache nicht beachten, wenn nicht gleichzeitig diese Lokalnotiz, wonach in der Bodenkammer eines Maskenverleihers, sic! ... eines Maskenverleihers in der Vorstadt ein neugeborenes Kindchen gefunden worden ist! ... ich sage, wenn diese Lokalnotiz mich nicht stutzig machte. Zweifellos handelt sich's hier um eine Verwechselung. Dennoch mag ich die Sache nicht auf mir sitzen lassen. Besonders da dieser Lümmel von einem Reporter von dem Herrn Maskenverleiher auch noch als einem verkrachten Schmierendirektor spricht. Lies, Mama: »Adebar beim Maskenverleiher«. Der Kerl bekommt Ohrfeigen! Heut abend soll meine Ernennung in Straßburg durch die Zeitungen gehn, und gleichzeitig werde ich urbi et orbi als humoristischer Bissen ausgeliefert. Als ob man nicht wüßte, daß von allen Flüchen der Fluch der Lächerlichkeit der schlimmste ist.

Frau John. An Hauseingang stehn Schutzleute, Herr Direkter?

Direktor Hassenreuter. Ja! Und zwar so, daß sogar das Kinderbegräbnis der Witfrau Knobbe ins Stocken gekommen ist. Man läßt sogar den kleinen Sarg mit dem greulichen Kerl von der »Pietät«, der ihn trägt, nicht in den Wagen hinaus.

Frau John. Wat wär' denn det for'n Kinderbejängnis?

Direktor Hassenreuter. Wissen Sie das nicht? Das Söhnchen der Knobbe, das auf eine mysteriöse Weise von zwei fremden Weibsbildern zu mir heraufgebracht wurde und förmlich unter meinen Augen, wahrscheinlich an Entkräftung, gestorben ist. Apropos ...

Frau John. Det Kind von de Knobbe is jestorben?

Direktor Hassenreuter. Apropos, Frau John, wollt' ich sagen, Sie sollten doch eigentlich wissen, wie die Sache mit den beiden übergeschnappten Frauenspersonen, die sich des Kindchens bemächtigt hatten, schließlich verlaufen ist?

Frau John. Nu sachen Se, is det nich Jottes Finger, det se womeechlich nich Adelbertchen erwischt haben und det nich mein Adelbertchen mit Dot abjejang is?

Direktor Hassenreuter. Wieso? Diese Logik verstehe ich nicht. Dagegen habe ich mich schon gefragt, ob nicht die wirren Reden des polnischen Mädchens, der Kleiderdiebstahl auf meinem Boden und das Milchfläschchen, das Quaquaro im Stiefel herunterbrachte, irgendwie mit der Zeitungsnotiz zusammenzubringen sind.

Frau John. Da mang, Herr Direkter, is jar keen Zusammenhang. Haben Se Pauln jesehn, Herr Direkter?

Direktor Hassenreuter. Paul? Ach so: Ihren Mann! jawohl! und zwar, wenn ich recht gesehen habe, im Gespräch mit dem fetten Kriminalinspektor Puppe, der wegen des Diebstahls auch schon mal bei mir gewesen ist.

Maurerpolier John tritt ein.

John. Na, Jette, ha ick nu recht? Det is schnell jekomm.

Frau John. Wat denn?

John. Soll ick mich tausend Marcht verdien, wo mit Anschläje von Polizeipräsidium an de Litfaßsäulen als Belohnung for Denungsiation is bekanntjejeben?

Frau John. Woso denn?

John. Weeßte denn nich, det det janze Manöver mit Schutzleute und Jeheimpolizisten Brunos wejen in Jange is?

Frau John. Wie denn? Wo denn? Wat denn? Warum denn in Jange?

John. Det Kinderbejängnis is sistiert und zwee Burschen von de Leidtrachenden, wat richtig dufte Kunden sind, festjenomm! jawoll! Det is nu soweit, Herr Direkter! Ick bin nu'n Mann, wo mit eene Frau verkuppelt is, wo een Bruder hat, wo hinterher sind, mit Rejierungsräte und Mordkommission, weil er draußen, nich weit von de Spree, unter een Fliederstrauch eene hat umjebracht.

Direktor Hassenreuter. Aber werter Herr John: das mag Gott verhüten.

Frau John. Det is jelochen! Mein Bruder tut so wat nich.

John. I, det is det Neieste, Jette. Herr Direkter, ick ha neilich schonn jesacht, wat det for 'ne Sorte Bruder is. *Er bemerkt und nimmt einen Fliederstrauß vom Tisch.* Sehen Se ma det hier! Det Unjeheuer is hier jewesen. Wo wiederkommt, bin ick der erschte, wo ihm, Hände und Füße jebunden, an der Jerechtigkeet ausliefern dut. *Er sucht den Raum ab.*

Frau John. Mach du Rotznäsen wat wees von Jerechtigkeet. Jerechtigkeet is noch nich ma oben in Himmel. Keen Mensch nich war hier! Und det bißken Flieder ha ick von Hangelsberg mitjebracht, wo'n jroßer Strauch hintern Hause bei deine Schwester is.

John. Du warst ja jar nich bei meine Schwester, Jette. Det hat mich Quaquaro ja ebent jesacht! det ham se uff Polizei ja festjestellt. Se ham dir jesehn bei de Spree in de Anlachen ...

Frau John. Lieje!

John. Und ooch in de Laubenkolonie, wo du in 'ne Laube jenächtigt hast.

Frau John. Wat? Kommst du in dein eejnet Haus allens kurz und kleen demolieren?

John. Jut so! recht so! det so weit jekommen is! Nu is det mit uns weiter keen Verstecken! Det ha ick allens vorausjewußt.

Direktor Hassenreuter, *mit Spannung.* Hat sich das polnische Mädchen wieder gezeigt, das neulich wie eine Löwin um das Knobbesche Kindchen gestritten hat?

John. Eben det is et. Det ham se heut morjen dot jefunden. Und det sach' ick so hin, ohne det mir de Zunge im Maule absterben dut: det Mächen hat Bruno Mechelke ums Leben jebracht.

Direktor Hassenreuter, *schnell.* Dann ist es wohl seine Geliebte gewesen.

John. Fragen Se Muttern! Det weeß ick nich! Det war meine Angst, deshalb bin ick schonn lieber jar nich zu Hause jekomm, det mein eejnet Weib mit so 'ne Jesellschaft behaftet is und hat keene Kraft nich abzuschütteln.

Direktor Hassenreuter. Kommt, Kinder!

John. Warum denn? Immer bleiben Se man.

Frau John. De brauchst nich jehn und Fenster uffreißen und alle Welt uff de Jasse schrein! Det is schlimm jenug, wenn uns Schicksal mit so'n Unjlück jetroffen hat. Plärr! aber dann siehste mir bald nich mehr wieder.

John. Jerade! Nu jerade! Ick rufe, wer't wissen will, von de Jasse, von Flur, dem Tischler vom Hof, de Jungs, de Mächens, wo in de Konfirmationsstunde jehn, die ruf ick rin und erzähle, wie weit eene Frau mit ihre Affenliebe zu ihren Lump von Bruder jekommen is.

Direktor Hassenreuter. Diese hübsche junge Person, die das Kind beanspruchte, ist heute tatsächlich tot, Herr John?

John. Kann sind, det se hibsch is, ick weeß et nich, ob se hibsch oder häßlich jewesen is. Aber det se in Schauhaus liecht, det is sicher.

Frau John. Ick weeß et, wat se jewesen is! Een schlechtet, jemeinet Weibstick is et jewesen! Wo mit Kerle hat abjejeben und von een Tiroler, der nischt hat von wissen jewollt, hat Kind jehat! Det hat se an liebsten in Mutterleibe schon umjebracht. Denn is se't holen jekomm mit de Kielbacke, wo als Engelmachersche schon ma anderthalb Jahre Plötzensee abjesessen hat. Ob se mit Brunon ooch wat jehabt hat, wo soll ick det wissen? Kann sind, kann ooch nich sind! Und wat soll mir det allens ieberhaupt anjehn, wat Bruno meinsweejen verbrochen hat.

Direktor Hassenreuter. Also haben Sie doch das Mädchen gekannt, Frau John.

Frau John. Woso? ick ha jar nich jekannt, Herr Direkter! Ick sache bloß, wat'n jeder, wie'n jeder von det Mächen jeäußert hat.

Direktor Hassenreuter. Sie sind eine ehrenhafte Frau, Sie ein ehrenhafter Mann, Herr John. Die Sache mit Ihrem mißratenen Schwager und Bruder ist schließlich etwas, was meinethalben eine furchtbare Tatsache ist, aber Ihr Familienleben doch im Grunde nicht ernstlich erschüttert ... aber bleiben Sie ehrlich ...

John. Nich in de Hand! In so 'ne Nähe, bei solchet Jesindel bleib' ick nich. *Er schlägt mit der Faust auf den Tisch, klopft an die Wände, stampft auf den Fußboden.* Horchen Se ma, wie det knackt, wie Putz hinter de Tapete runterjeschoddert kommt! Allens is hier morsch! Allens faulet Holz! Allens unterminiert, von Unjeziefer, von Ratten und Mäuse zerfressen! *Er wippt auf der Diele.* Allens schwankt! Allens kann jeden Oochenblick bis in Keller durchbrechen. *Er öffnet die Tür.* Selma! Selma! – Hier mach' ick mir fort, eh det allens een Schutthaufen drunter und drieber zusammenbricht.

Frau John. Wat wiste mit Selma?

John. Selma nimmt det Kind, und ick reise mit Selman und det Kind und bringe mein Kind zu meine Schwester.

Frau John. Denn soste Bescheid kriejen! Versuch det man!

John. Soll mein Kind in so 'ne Umjebung jroßwachsen, womeechlich det ma wie Bruno ieber Dächer jehetzt und det ooch ma womeechlich in Zuchthaus endet?

Frau John *schreit ihn an.* Det is jar nich dein Kind! Vastehste mich?

John. So? Det wolln wir ma sehn, ob een rechtlicher Mann nich Herr sollte sind ieber sein eejnet Kind, wo Mutter nich bei Verstande is und in de Hände von Mordjesindel. Det will ick ma sehn, wer in Rechte is un wer stärker is! Selma!

Frau John. Ick schrei! ick reiße det Fenster uff! Frau Direkter, se wollen eene Mutter ihr Kind rauben! Det is mein Recht, det ick Mutter von mein Kindeken bin! Det is doch mein Recht? Ha ick nich recht, Frau Direkter? Se umzingeln mir! Se wollen mir mein Recht versetzen! Soll mir det nich jeheeren, wat ick for Wechwurf uffjelesen, wo for dot in Lumpen jelejen hat und wo ick ha miehsam erscht missen reiben und kneten, bis bißken Atem jeholt und langsam lebendig jeworden is? Wo ick nich war, det wäre schonn vor drei Wochen längst in de Erde verscharrt jewesen.

Direktor Hassenreuter. Herr John, zwischen Eheleuten den Schiedsmann spielen ist meine Sache im allgemeinen nicht. Dazu ist dies Geschäft zu undankbar, und man macht dabei meistens böse Erfahrungen. Sie sollten aber in Ihrem zweifellos mit Recht verwundeten Ehrgefühl sich nicht zu Übereilungen hinreißen lassen. Denn schließlich ist doch Ihre Frau für die Tat ihres Bruders nicht verantwortlich. Lassen Sie ihr das Kind! Machen Sie nicht das Unglück schlimmer durch eine überflüssige Härte, die Ihre Frau aufs empfindlichste kränken muß.

Frau John. Paul, det Kind is aus meinen Leibe jeschnitten! Det Kind is mit meinen Blute erkooft. Nich jenug, alle Welt is hinter mich her und will et mich abjagen! Nu kommst ooch du noch und machst et nich anders, det is der Dank! als wenn det ick ringsum von hungrige Welfe umjeben bin. Mir kannste dotmachen! mein Kindeken soste nich anfassen.

John. Ick komme zu Hause, Herr Direkter! Ick bin heut morjen erst mit mein janzes Zeug quietschverjnügt von de Bahn jekomm! Hamburg, Altona, allens abjebrochen. Wenn ooch Verdienst jeringer is, dachte ick, wist lieber bei deine Familie sind! Bißken Kind uff'n Arm nehmen! Bißken Kind uff'n Knie nehmen! Det war unjefähr so meine Inbildung ...

Frau John. Paul! Hier, Paul! *Sie tritt ihm ganz nahe.* Reiß mir det Herz aus'n Leibe! *Sie starrt ihn lange an, dann läuft sie in den Verschlag, wo man sie laut weinen hört.*

Selma kommt vom Flur. Sie trägt Trauerkleidung und einen kleinen Grabkranz in der Hand.

Selma. Wat soll ick? Se ham mir jeruft, Herr John.

John. Zieh dir an, Selma. Frach deine Mutter, ob det de kannst mit mir jehn zu meine Schwester nach Hangelsberg. Kannst dir'n Jroschen Jeld bei verdienen. Nimmst mein Kindeken uff'n Arm und bejleitest mir.

Selma. Nee! det Kind fass' ick nu nich mehr an, Herr John.

John. Woso nich?

Selma. Nee, ick furcht' mir, Herr John. Ick ha so 'ne Angst, so hat mir Mama und Polizeileutnam anjeschrien.

Frau John *erscheint.* I, weshalb ham se dir anjeschrien?

Selma *heult los.* Schutzmann Schierke hat mich sojar eene runterjehaut.

Frau John. I, dem wer ick noch ma ... det soll der noch ma versuchen.

Selma. Wat soll ick denn wissen, warum mich det polsche Mächen hat mein Brüderken wegjenomm. Hätt' ick jewußt, det mein Brüderken sterben soll, ick hätt' ihr ja lieber an Hals jesprung. Nu steht Jundofriedchen in Särjiken uff de Treppe. Ick jloobe, Mama hat Krämpfe jekricht und liecht bei Quaquaron hinten in Alkoven. Mir wolln se in Fiersorje schaffen, Frau John. *Sie flennt.*

Frau John. Denn freu dir! Schlimmer kann et nich komm, als et bei dich zu Hause is.

Selma. Ick komm' vor Jericht! womeechlich wer Moabit jeschafft.

Frau John. Woso det?

Selma. Weil ick soll haben det Kindeken, wat det polsche Freilein jeboren hat, von Oberboden runter bei Sie, Frau John, in de Wohnung jetrachen.

Direktor Hassenreuter. Also ist tatsächlich oben ein Kindchen geboren worden?

Selma. Jewiß.

Direktor Hassenreuter. Auf welchem Boden?

Selma. Na, bei de Kamedienspieler doch! Wat jeht det mich an? Wat soll ick von wissen? Ick kann bloß Sachen ...

Frau John. Nu mach, det de fortkommst! Selma, du hast'n reenet Jewissen! Wat de Leute quasseln, kimmert dir nich.

Selma. Ick will ja ooch nischt verraten, Frau John.

John *packt Selma, die fortlaufen will, und hält sie fest.* Et wird nich jejang! et wird herjekomm! – Wahrheet! Ick verrate nischt, hast du jesacht: det ham Se doch ooch jeheert, Frau Direkter? Hat Herr Spitta und hat det Freilein jeheert! – Wahrheet! – Bevor ick nich weeß, wat mit Bruno und seine Jeliebte is und wo ihr womeechlich det Kindchen habt wechjeschafft, det is mich ejal, kommst du nich von de Stelle!

Frau John. Paul, ick schweere vor Jott, wechjeschafft ha ick et nich.

John. Na, und? ... Raus, wat du weeßt, Mächen! Det ha ick schon lange jemerkt, det zwischen dich und meine Frau een jeheimet Jestecke is. Det Zwinkern und Anplinkern is jetzt verjebliche Miehe. Is det Kind tot, oder lebt et noch?

Selma. Nee, det Kind is lebendich, Herr John.

Direktor Hassenreuter. Was du unter deiner Schürze oder sonstwie hier hast heruntergebracht?

John. Wenn et dot is, denn rechne druff, denn wirst du wie Bruno een Kopp kürzer jemacht.

Selma. Ick sach't ja: det Kindeken is lebendich.

Direktor Hassenreuter. Ich denke, du hast gar kein Kind vom Boden heruntergebracht?

John. Und von die janze Jeschichte, Mutter, wist du nischt wissen? *Frau John sieht ihn starr an, Selma blickt hilflos und verwirrt auf Frau John.* Mutter, du hast det Kindchen von Brunon und die polsche Person beiseite jeschafft, und denn, wo se jekomm is, haste det Würmiken von de Knobbe unterjeschoben.

Walburga *sehr bleich, mit Überwindung.* Sagen Sie mal, Frau John, was ist denn an jenem Tage geschehen, wo ich dummerweise, als Papa kam, mit Ihnen auf den Boden geflüchtet bin? Ich will dir das später erklären, Papa. Damals habe ich, wie mir nach und nach deutlich geworden ist, das polnische Mädchen, und zwar erst mit Frau John und dann mit ihrem Bruder zusammen, gesehn.

Direktor Hassenreuter. Du, Walburga?

Walburga. Ja, Papa. Bei dir war damals Alice Rütterbusch, und ich hatte mich mit Erich verabredet, der dann auch, aber ohne mich zu treffen, denn ich blieb versteckt, zu dir gekommen ist.

Direktor Hassenreuter. Ich kann mich dessen nicht mehr erinnern.

Frau Direktor Hassenreuter, *zum Direktor.* Das Mädel hat um dieser Sache willen, Papa, wirklich schon schlaflose Nächte gehabt.

Direktor Hassenreuter. Wenn Ihnen an dem Rate eines ehemaligen Juristen, der durchs Referendarexamen gepurzelt und dann erst zur Kunst abgesprungen ist ... wenn Ihnen an dem Rat eines solchen Mannes irgendwie etwas liegt, so lassen Sie sich jetzt sagen, Frau John, daß in Ihrem Fall ganz rücksichtslose Offenheit die beste Verteidigung ist.

John. Jette, wo habt ihr dem Kindeken hinjeschafft? Kriminalinspektor hat mich jesacht, det fällt mir jetzt in, det se nach det Kind von de dote

Person suchen. Jette, um Jottes Himmels willen! mag sind, wat will, bloß det du dir nich in Verdacht kommen dust, det du, um Foljen von Liederlichkeit von dein Bruder womeechlich aus de Welt zu schaffen, dir an det Neujeborne vergriffen hast.

Frau John *lacht.* Ick – und mir an Adelbertchen verjreifen, Paul?

John. Hier redet keener von Adelbertchen. *Zu Selma.* Ick dreh' dir den Hals um, oder du sachst, wo det Kleene von Brunon und det polsche Mächen – uff de Stelle! – geblieben is.

Selma. Et is doch bei Sie in Verschlage, Herr John.

John. Wo is et, Jette?

Frau John. Det sach' ick nich. –

Das Kind beginnt zu schreien.

John *zu Selma.* Wahrheet! oder ick ieberliefer' dir uff de Polizei, vastehst de! siehste dem Strick! an Hände und Fieße zusammenjebunden.

Selma, *in höchster Angst, unwillkürlich.* Et schreit doch! Se kenn doch det Kindeken janz jut, Herr John.

John. Ick? – *Er sieht verständnislos erst Selma, dann den Direktor an. Ihn durchblitzt eine Ahnung, als er seine Frau ins Auge faßt. Er glaubt zu begreifen und gerät ins Wanken.*

Frau John. Laß dir von so 'ne niederträchtije Lieje nich umjarnen, Paul. Det is allens von ihre feine Mutter aus Rache bloß mit det Mächen anjestellt! Paul, wat dust du mir denn so ankieken?

Selma. Det is Jemeenheet, det Se mich nu ooch noch wolln schlechtmachen, Mutter John. Dann wer ick mir hieten, noch Blatt vorn Mund nehmen. Wissen janz jut, det ick ha det Kindchen von det Freilein runter jetragen und ha bei Ihn hier in frisch jemachte Bettchen jelegt. Det kann ick beschwören! det will ick beeidijen!

Frau John. Lieje! Du sagst, det mein Kind nich mein Kindeken is?

Selma. Sie haben ieberhaupt jar keen Kind nich jehat, Frau John.

Frau John *umklammert Johns Knie.* Det is ja nich wahr.

John. Laß mich in Ruh! beschmutze mir nich, Hennerjette.

Frau John. Paul, ick konnte nich anders, ick mußte det tun. Ick war selber betrochen, denn hatt' ick dir in Brief nach Hamburg Bescheed jesacht. Denn warste vajnügt, und denn mocht' ick nich mehr zurick, und denn dacht' ick, et muß sind! Et kann ooch uff andere Weise sind, und denn ...

John, *unheimlich ruhig.* Laß mir man ieberlejen, Jette. *Er geht an eine Kommode, zieht einen Schub auf und schleudert allerlei Kinderwäsche und Kinderkleidungsstücke, die er daraus nimmt, mitten in die Stube.* Versteht eener det, wat se Woche um Woche, Monat um Monat, janze Tage und halbe Nächte lang mit blutige Finger jestichelt hat?

Frau John *sammelt in wahnsinniger Hast die Wäsche und Kleidungsstücke auf und versteckt sie sorgfältig im Tischschub oder wo sonst.* Paul, det nich! Allens kannste dun! aber reiß mich nich Fetzen von nackten Leibe!

John *hält inne, faßt sich an die Stirn, sinkt auf einen Stuhl.* Wenn det wahr is, Mutter, da schäm' ick mir ja in Abjrund rin. –

Er kriecht in sich zusammen, legt die Arme über den Kopf und verbirgt sein Gesicht. Es tritt eine Stille ein.

Direktor Hassenreuter. Wie konnten Sie sich nur auf einen solchen Weg des Irrtums und des Betruges drängen lassen, Frau John? Sie haben sich ja verstrickt auf das allerfurchtbarste! Kommt, Kinder! Wir können hier leider nichts weiter tun.

John *steht auf.* Nehm Se mir man mit, Herr Direkter.

Frau John. Jeh! immer jeh! ick brauche dir nich!

John *wendet sich, kalt.* Also det Kind haste dich beschafft, und wie Mutter hat wiederhaben jewollt, hast se lassen von Brunon umbringen?

Frau John. Du bist nich mein Mann! Wat soll det heeßen? Du bist von de Polizei jekooft! Du hast Jeld jekricht, mir an't Messer zu liefern! Jeh, Paul! du bist jar keen Mensch! Du bist eener, wo Jift in de Oochen und Hauer wie Welfe hat! Immer pfeif, det se kommen und det se mir festnehmen! Immerzu doch! Nu seh' ick dir, wie det du bist! Ick verachte dir bis zun Jüngsten Dache. *Frau John will durch die Tür davonlaufen. Da erscheinen Schutzmann Schierke und Quaquaro.*

Schierke. Halt! Aus die Stube raus kommt keener nich.

John. Immer komm rin, Emil! Herr Schutzmann, immer komm Se ruhig rin. Et is allens in Ordnung! Allens is richtich.

Quaquaro. Reg dir nich uff, Paul, dir betrifft et ja nich.

John, *mit aufsteigendem Jähzorn.* Hast du jelacht, Emil?

Quaquaro. I, Menschenskind! Herr Schierke soll bloß det Kleene per Droschke in't Waisenhaus wechschaffen.

Schierke. Jawoll. So is et. Wo steckt det Kind?

John. Soll ick wissen, wo jedet ausgestoppte Balch von Lumpenspeicher, womit olle Hexen mit Besen Fez treiben, an Ende hinjekomm is? Paßt ma uff Schornstein uff, det se nich oben rausfliejen.

Frau John. Paul!! – Nu soll et nich leben! Nu jerade! Nu ooch nich! Nu brauch et nich leben! Nu muß et mit mich mit unter de Erde komm.

Frau John war blitzschnell hinter den Verschlag gelaufen. Sie kommt mit dem Kinde wieder und will mit ihm zur Tür hinaus. Der Direktor und Spitta werfen sich der Verzweifelten entgegen, in der Absicht, das Kind zu retten.

Direktor Hassenreuter. Halt! Hier greife ich ein! Hier bin ich zuständig! Wem das Knäblein hier auch immer gehören mag – um so schlimmer, wenn seine Mutter ermordet ist! –, es ist in meinem Fundus geboren! Vorwärts, Spitta! Kämpfen Sie, Spitta! Hier sind Ihre Eigenschaften am Platz! Vorwärts! Vorsicht! So! Bravo! Als wär' es das

Jesuskind! Bravo! Sie selber sind frei, Frau John! Wir halten Sie nicht. Sie brauchen uns nur das Jungchen hierlassen.

Frau John stürzt hinaus.

Schierke. Hierjeblieben!

Frau Direktor Hassenreuter. Die Frau ist verzweifelt! Aufhalten! Festhalten!

John, *plötzlich verändert.* Jebt uff Muttern acht! Mutter! Uffhalten! Festhalten! – Mutter! Mutter!

Selma, Schierke und John eilen Frau John nach. Spitta, der Direktor, Frau Direktor und Walburga sind um das Kind bemüht, das auf den Tisch gebettet wird.

Direktor Hassenreuter, *der das Kind sorgfältig auf den Tisch bettet.* Meinethalben mag diese entsetzliche Frau doch verzweifelt sein! Deshalb braucht sie das Kind nicht zugrunde richten.

Frau Direktor Hassenreuter. Aber liebster Papa, das merkt man doch, daß diese Frau ihre Liebe, närrisch bis zum Wahnsinn, gerade an diesen Säugling geheftet hat. Unbedachtsame harte Worte, Papa, können die unglückselige Person in den Tod treiben.

Direktor Hassenreuter. Harte Worte habe ich nicht gebraucht, Mama.

Spitta. Mir sagt ein ganz bestimmtes Gefühl: erst jetzt hat das Kind seine Mutter verloren.

Quaquaro. Det stimmt. Vater is nich, will nischt von wissen, hat jestern in de Hasenheide mit eene Karussellbesitzerswitwe Hochzeit jemacht! Mutter war liederlich! Und bei de Kielbacken, wo Kinder in Fleje hat, sterben von's Dutzend mehrschtens zehn. Nu is et soweit: det jeht jetzt ooch zujrunde.

Direktor Hassenreuter. Sofern es nämlich bei dem Vater dort oben, der alles sieht, nicht anders beschlossen ist.

Quaquaro. Meen Se Pauln? den Mauerpolier! Nu nich mehr! dem kenn' ick! wo der uff'n Ehrenpunkt kitzlich is.

Frau Direktor Hassenreuter. Wie das Kindchen da liegt! es ist unbegreiflich. Feine Leinwand! Spitzen sogar! Schmuck und frisch wie ein Püppchen. Es wendet sich einem das Herz um, zu denken, wie es so plötzlich zu einer von aller Welt verlassenen Waise geworden ist.

Spitta. Wäre ich Richter in Israel ...

Direktor Hassenreuter. Sie würden der John ein Denkmal setzen! Mag sein, daß in diesen verkrochenen Kämpfen und Schicksalen manches heroisch und manches verborgen Verdienstliche ist. Aber Kohlhaas von Kohlhaasenbrück konnte da mit seinem Gerechtigkeitswahnsinn auch nicht durchkommen. Treiben wir praktisches Christentum! Vielleicht können wir uns des Kindchens annehmen.

Quaquaro. Lassen Se da bloß de Finger von!

Direktor Hassenreuter. Warum?

Quaquaro. Außer det Se Jeld wollen loswerden und uff de Quengeleien und Scherereien mit de Armenverwaltung, mit Polizei und Jericht womeechlich happich sind.

Direktor Hassenreuter. Dazu hätte ich allerdings keine Zeit übrig.

Spitta. Finden Sie nicht, daß hier ein wahrhaft tragisches Verhängnis wirksam gewesen ist?

Direktor Hassenreuter. Die Tragik ist nicht an Stände gebunden. Ich habe Ihnen das stets gesagt.

Selma, atemlos, öffnet die Flurtür.

Selma. Herr John, Herr John, Herr Mauerpolier.

Frau Direktor Hassenreuter. Herr John ist nicht hier. Was willst du denn, Selma?

Selma. Herr John. Se solln uff de Straße komm'n.

Direktor Hassenreuter. Nur Ruhe, Ruhe. Was gibt's denn, Selma?

Selma, *atemlos.* Ihre Frau ... Ihre Frau ... Janze Straße steht voll ... Omnibus, Pferdebahnwagen is jar keen Durchkommen ... Arme ausjestreckt ... Ihre Frau liecht lang uff Jesichte unten.

Frau Direktor Hassenreuter. Was ist denn geschehen?

Selma. Herrjott, Herrjott in Himmel, Mutter John hat sich umjebracht.